지혜를 등불 삼아
나날이 새롭고,
나날이 좋은 날 되시기를
간절히 기원합니다.

소풍가듯
가볍게

소풍 가듯 가볍게

2016년 9월 30일 초판 1쇄 | 2016년 10월 27일 초판 5쇄 발행
지은이 · 월도

펴낸이 · 김상현, 최세현
편집인 · 정법안
책임편집 · 손현미 | 디자인 · 김애숙

마케팅 · 권금숙, 김명래, 양봉호, 최의범, 임지윤, 조히라
경영지원 · 김현우, 강신우 | 해외기획 · 우정민
펴낸곳 · (주)쌤앤파커스 | 출판신고 · 2006년 9월 25일 제406-2012-000063호
주소 · 경기도 파주시 회동길 174 파주출판도시
전화 · 031-960-4800 | 팩스 · 031-960-4806 | 이메일 · info@smpk.kr

ⓒ월도(저작권자와 맺은 특약에 따라 검인을 생략합니다)
ISBN 978-89-6570-362-4 (03220)

쌤앤파커스(Sam&Parkers)는 독자 여러분의 책에 관한 아이디어와 원고 투고를 설레는 마음으로 기다리고
있습니다. 책으로 엮기를 원하는 아이디어가 있으신 분은 이메일 book@smpk.kr로 간단한 개요와 취지,
연락처 등을 보내주세요. 머뭇거리지 말고 문을 두드리세요. 길이 열립니다.

마음만 먹으면 인생은 즐거운 소풍길

소풍가듯 가볍게

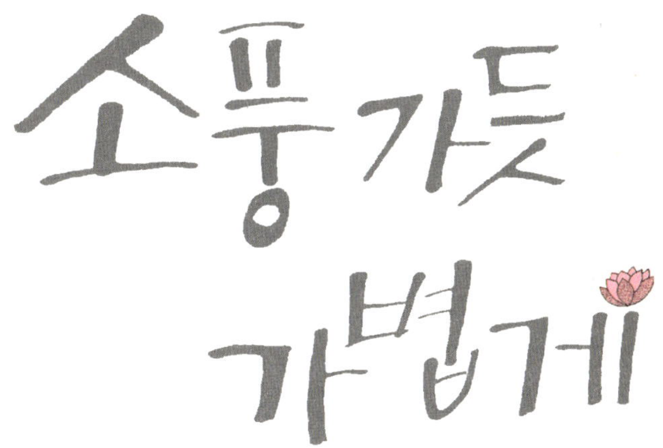

월도 지음 | 황주리 그림

쌤앤파커스

지혜로운 만큼
행복해질 수 있습니다

이 세상에서 가장 소중한 사람은 두말할 것도 없이 나 자신입니다. 가장 소중하고 사랑스러운 존재에게 행복은커녕 괴로움을 주고 있다면, 혹시 사랑의 방법에 문제가 있는 것은 아닐까요?

나 자신에게 행복을 주지 못하는 것은 방법을 몰라서입니다. 무엇이 나에게 행복을 가져다줄 바른 행위인지 모르고 엉뚱한 것만 쫓아다니기 때문에 괴로움을 자초하는 거예요. 우리가 행복하지 못한 것은 돈이 부족해서도 아니고, 출세를 못해서도 아니고, 외모가 뛰어나지 못해서도 아닙니다. 지혜롭지 못하고 어리석기 때문이라는 것을 바로 알아야 합니다.

행복의 필수조건은 지혜이고, 지혜로운 만큼 행복해질 수 있습니다. 우리가 진리의 가르침에 귀 기울여야 하는 이유가 여기에 있습니다.

우리는 좋은 일이 생기면 행복해하고, 나쁜 일을 당하면 괴로워합니다. 사랑하는 사람과 있으면 즐겁지만 미운 사람과 있으면 괴롭습니다. 그러나 어떤 조건에서도 자유롭고, 어떤 사람을 만나도 편안할 수 있는 길이 있다면, 한번 귀 기울여 들어봐야 하지 않을까요?

누구든지 행복할 수 있습니다. 부부간의 갈등, 자식과의 문제, 직장에서의 어려움 등 어떠한 괴로움이라 할지라도 해답은 있습니다. 다만 지금 내 눈에 그것이 보이지 않을 뿐이에요. 마음의 눈을 떠야 합니다. 한 번뿐인 소중한 인생인데, 이왕이면 갈등과 괴로움을 넘어 소풍 가듯 즐거운 마음으로 살아가는 게 좋지 않을까요?

지금부터 내 인생의 주인으로 살아가는 길에 대해 이야기를 시작해보려 합니다. 편안한 마음으로 제 이야기를 듣고, 지금 이 자리에서 행복을 누리시길 간절히 기원합니다.

2016년 9월
월도 두손모음

돌에 관한 명상, 2004

인생,
뭐 그리 힘들게 사시나요?
소풍 가듯 가볍게,
쉬엄쉬엄 즐겁게 살아보세요.

오솔길 걷다가 시냇물도 만나고,
가다가 힘들면 잠시 쉬어가면 됩니다.
쉬는 김에 떨어진 도토리도 줍고요.
단, 너무 많이 줍다 보면
발걸음이 무거워지니 욕심내진 말고요.

바삐 서둘지 마세요.
안달하며 뛰어다녀 보아도
결국 우리가 가 닿을 종착역은 하나뿐입니다.

서두르지 말고 쉬엄쉬엄,
소풍 가듯 가볍게
지금 이 자리에서 행복을 누려보세요.

차례

우리 인생이 왜 괴로울까요?

조금이라도 더 가지려 하고, 조금이라도 더 빨리

이루려고 하는 욕심 때문에 괴로워요.

더 나이 먹기 전에 돈을 많이 모아야 하고,

더 늙기 전에 아들딸 결혼시켜야 하고,

이런저런 욕심으로 마음 편할 날이 없어요.

그런데 사실, 지나고 보면 별것 아니잖아요. 그게 병이에요.

도대체 얼마만큼 가져야 그 마음을 멈출까요?

1

마음의 장

돌에 관한 명상, 2006

욕심은 만족을
모릅니다

행복이란 각자 느끼기 나름이지 획일적이지 않아요. 적게 가지고도 행복해하는 사람이 있는가 하면, 많은 것을 가지고도 불행하다는 사람도 있어요. 만약 행복이라는 것에 어떤 기준이 있어서 그것이 천만 원이라고 한다면, 천만 원 이상을 가진 사람은 무조건 행복해야 하고, 그만큼 가지지 못한 사람은 무조건 불행해야 하는데 세상은 그렇지 않아요. 행복의 마지노선은 없습니다.

바라던 것이 이루어지면 행복하지만 얼마 지나지 않아 식상해하는 게 우리 인간의 속성이에요. 결혼을 예로 들어볼까요. 누구나 결혼할 때는 어떠한 조건에서도 행복할 거라 생각합니다. 삼시세끼 밥만 먹고 살아도 사랑하는 사람과 함께할 수만 있다면 행복하다는 마음으로 하는 게 결혼이에요.

신혼 시절에는 단칸방에서 월세로 살아도 행복하지만, 몇 년 지나지 않아 마음이 달라져요. 서로에게 불만이 생기기 시작하는 거예요. 그러다가 방 두 개짜리 아파트만 장만해도 너무너무 행복하다고 합니다. 내 집을 처음 장만한 그때가 가장 행복했다고 하는 분들이 많습니다. 이후에 아무리 살림이 넉넉해져도 그때만큼 행복하지는 않다는 거예요. 또 다른 행복의 조건들이 계속해서 생겨나기 때문입니다.

돈은 행복의 보증수표가 아니에요. 가난하다고 해서 항상 불행한 것도 아니고, 재벌이라고 해서 항상 행복한 것도 아니에요. 아무리 돈 많은 부자라도 인생사 괴로움을 어쩌지 못하고, 심지어 스스로 목숨을 끊어 세상을 떠들썩하게 만들기도 합니다.

돈이 우리의 생활을 편리하게 해주는 것은 분명하지만, 돈만 있으면 모든 문제가 해결될 거라는 생각은 착각입니다. 우리는 부처님의 출가를 잘 생각해볼 필요가 있어요. 부처님께서는 우리가 그토록 바라는 부귀영화를 마다하고 출가의 길을 선택하셨어요. 그것은 욕심으로써 얻어지는 덧없는 행복이 아니라 지혜로써 완성되는 진정한 행복의 길을 찾기 위한 결단이었습니다. 우리가 얻고 싶어 안달하는 재물이나 명예나 쾌락 같은 것들은 마치 뜬구름과 같아서 영원한 행복을 안겨주지 않아요.

저는 어렸을 때 두메산골에서 자랐습니다. 전기가 중학교 2학년 때 들어왔으니 정말 시골이었지요. 마을에 전기가 들어오기 전, 서울에 사는 친척이 다리가 네 개 달린 흑백텔레비전을 하나 보내주셨어요. 물론 전기가 안 들어오니 볼 수는 없었지만, 학교에서 텔레비전 있는 사람 손을 들어보라고 하면 당당하게 손을 들었고, 친구들 앞에서 자랑스럽게 목에 힘을 주곤 했어요. 이것이 인간의 심리입니다. 남들이 가지지 않은 것을 가졌을 때 우월감에 빠지는 거예요. 결코 영원할 수 없는 행복인데도 말이에요.

우리는 다른 사람과 같은 조건에 있을 때는 행복을 느끼지 못해요. 내가 남들보다 조금이라도 나을 때, 행복하다고 느껴요. 이렇게 남과 비교하며 행복을 추구하다 보니 만족이란 걸 몰라요. 행복한가 하면 또 다른 조건이 생기고, 그것이 충족되면 또 다른 조건이 생겨납니다. 행복은 잠시뿐이고 괴로움이 반복되는 삶을 살아가는 거예요. 그래서 부처님께서는 말씀하셨어요.

"저 히말라야 산처럼 커다란 황금덩어리가 있다 해도, 단 한 사람의 욕심도 채우지 못할 것이다."

우리는 물질을 통해서 욕구를 충족시키려고 하지만 그것은 불가능합니다. 인간은 얼마만큼 가져야 만족할 수 있을까요? 산처럼 많은 금은보화를 가졌어도, 아니 그 이상을 가진다 해도 욕심을 멈추기는 어려울 것입니다.

뉴스를 보면 재벌이나 정치인이 더 가지려고 욕심을 부리다가 감옥에 가는 일이 비일비재합니다. 그 사람들이 먹고살 게 없어서 그랬을까요? 평생 먹고 남을 만큼 소유하고도 더 가지려는 탐욕 때문에 재앙을 자초하는 거예요. 그러므로 채워서 행복하려 하지 말고 비워서 행복할 줄 아는 것이 지혜로운 사람이에요.

우리 인생이 왜 괴로울까요? 조금이라도 더 가지려 하고, 조금이라도 더 빨리 이루려고 하는 욕심 때문에 괴로워요. 더 나이 먹기 전에 돈을 많이 모아야 하고, 더 늙기 전에 빨리 아들딸 결혼시켜야 하고, 죽기 전에 손자도 봐야 하고, 이런저런 욕심으로 마음 편할 날이 없어요. 그런데 사실, 지나고 보면 별것 아니잖아요. 그게 병이에요. 스스로 사로잡혀서 더 늙기 전에 빨리 성취해야 한다며 정신없이 달려가는 거예요. 도대체 얼마만큼 가져야 그 마음을 멈출까요?

저를 찾아와서 제발 좀 빨리 출세하고 싶은데 어떻게 하면 좋겠냐고 묻는 사람이 많아요. 누구나 비슷한 마음이겠지요. 그러나 이것이 병 중의 병입니다. 출세를 하면 행복이 저절로 따라올까요? 별것도 아닌 자존심 하나 세우려는 모습일 뿐이에요. 오히려 출세한 사람이 나중에 보면 괴로움이 더 많습니다.

출세하려는 욕심이 없는 사람은 처음부터 마음이 편안합니다. 마음이 편안한 게 행복 아닌가요? 높은 자리만 바라지 말고 어떤 자리에서도 유유자적할 수 있는 마음자리를 가져보세요. 집착하지 않으면 괴로움에서 벗어날 수 있고, 편안한 삶을 살 수 있습니다.

제가 이런 이야기를 하면 싫어하는 분도 있어요.

"아이고 스님, 우리 애는 열심히 공부해서 출세해야 하는데 그런 말씀을 하시면 어떻게 합니까?"

오해하지 마세요. 인생을 포기하라는 말이 절대 아닙니다. 열심히 살되, 다만 집착하지 말라는 뜻이에요. 목표를 무리하게 정해놓고 거기에 매달리면 인생이 피곤해요. 괴로움을 자초하게 됩니다. 집착하지 않으면 그런 고통을 만나지 않아요. 있는 그대로 받아들일 줄 아는 마음으로 세상을 보라는 말이에요. 욕심으로 세상을 보지 말고 순리대로 세상을 볼 줄 아는 눈을 떠야 해요.

아무리 바쁜 인생이라 하더라도 잠시, 마음을 가만히 들여다보세요.

'내 인생은 지금 어떤 방향으로 가고 있는가?'

만약 잘못된 방향으로 가고 있다면 지금이라도 과감히 수정해야 합니다. 인생에서 중요한 것은 돈도 아니고 출세도 아니에요. 스스로 중생의 밧줄을 끊어버리고 모든 괴로움으로부터 자유로워지는 것보다 더 가치 있고 중요한 것은 없어요.

부처님께서는 우리에게 행복의 완성을 가르쳐주시기 위해 45년 동안 설법을 하셨습니다. 행복이라는 단어는 말하기는 쉬워도, 살면서 그걸 실현하기는 어려워요. 부처님께서는 수많은 전생부터 수행을 통하여 완성한 행복을 당신만 즐기지 않으시고 일체 중생에게 널리 가르쳐주셨습니다. 이것이 불교의 시작이며, 불교의 전부라고 할 수 있어요.

억울하다고요?
그게 인생입니다

종교를 믿으면 원하는 것은 다 이뤄진다고 생각하는 분들이 있어요. 호수에 돌을 던져놓고 "떠올라라, 떠올라라" 하면 떠오를 것처럼 선전하는 사람도 있고, 무지몽매하게 그걸 믿고 따라가는 사람도 있습니다. 개중에는 불교도 그렇게 이해해서 노력하지 않고 기도만 하면 다 이뤄질 것처럼 말하는 사람들도 있어요. 믿음을 갖더라도 바르게 알고 믿어야 합니다.

부처님께서 깨달음을 얻고 사슴동산에서 다섯 비구에게 첫 법문을 하실 때 사성제四聖諦, 즉 네 가지 성스러운 진리를 말씀하셨어요. 그때 괴로움에 대해 자세히 말씀하셨는데, 늙고 병들고 죽는 것이 괴로움이라고 하셨어요. 불교는 참 솔직한 종교라고 생각합니다. 어떤 종교는 아프지도 않고, 죽지도 않으며, 영원히 살 수 있다고 말합니다. 그것은 인간의 나약한 마음을 이용해서 현혹하는 거예요. 그러나 부처님께서는 그런 건 없다고 말씀하십니다.

인간의 삶에서 생로병사는 당연한 과정입니다. 부자든 가난하든, 지위가 높든 낮든, 외모가 출중하든 아니든, 생로병사의 과정은 그 누구도 예외일 수 없어요. 그럼에도 늙지 않고, 병들지 않고, 죽지 않는 길을 말한다면, 그것은 진리가 아니에요. 불교의 가르침은 생로병사를 받아들이라는 것입니다. 늙지 않으려고 발버둥치지 마세요. 늙음은 당연한 것입니다. 건강하게만 살 수도 없어요. 누구나 병들고 아파합니다. 이와 같이 불교는 형이상학적이고 추상적인 이야기가 아니라 누구나 알 수 있는 보편타당한 진리에 대해 말하고 있습니다. 그런 점에서 불교를 '스스로 보아 알 수 있는 종교'라고 하는 거예요.

인간의 괴로움은 생로병사만이 아닙니다. 사랑하는 사람과 헤어져야 하는 것도 괴로움이고, 미워하는 사람과 함께해야 하는 것도 괴로움입니다. 또 갖고 싶은 것을 갖지 못하는 것도 괴로움이에요. 깊이 들여다보면, 이 몸과 마음을 '나'라고 집착하는 것 자체가 괴로움의 근원이에요. 게다가 환경 조건도 우리를 괴롭게 합니다. 여름엔 더워서 죽겠고, 겨울엔 추워서 죽겠다고 해요. 여름엔 좀 시원했으면 좋겠는데 그게 안 되고, 겨울엔 좀 따뜻했으면 좋겠는데 그게 안 돼요. 그래서 항상 만족스럽지 않은 여건 속에서 살아가는데, 여기에서도 괴로움이 생겨나는 거예요.

인생을 살아가면서 세상사 뜻대로 되지 않고, 때로는 화가 나거나 불안하고, 이래저래 불편한 마음, 괴로운 마음이 문제예요. 세월이 흘러 때가 되면 그런 마음이 없어질까요? 이생에서는 안 되고 이다음에 죽어서 천당이나 극락에 가면 없어질까요? 불교는 그렇게 말하지 않습니다. 모든 괴로움의 뿌리는 우리 마음속에 있어요. 그렇기 때문에 지금 이 순간, 한 생각만 딱 바꾸면 바로 해결할 수 있는 것이지 때를 기다릴 필요가 없어요. 불교는 부처님의 가르침대로 실천하기만 하면, 바로 지금 행복할 수 있는 길을 제시하는 종교입니다.

불교는 죽어서 극락에 가는 것보다 지금 살아 있는 현실에서 어떻게 마음을 닦아 행복할 것인가를 강조합니다. 내 마음 하나 바뀌는 순간 세상도 바뀌기 때문이에요. 다른 사람을 미워하며 분노에 휩싸인 사람도 고통에서 벗어날 수 있는 방법이 있어요. 염불을 하면 돼요. '관세음보살'의 명호를 간절하게 부르다 보면, 마음이 차차 편안해지고 홀가분해지는 것을 느끼게 됩니다. 바로 효과가 나타납니다.

분노에 휩싸여 바라보는 대상과 담담한 마음으로 바라보는 대상은 확연히 다릅니다. 그래서 내 마음을 바꾸는 것이 곧 세상을 바꾸는 거예요. 그런데 내 마음을 바꾸지 않고 남을 바꾸려 하거나 누가 바꿔주기만을 바란다면, 그 사람은 괴로움에서 벗어날 수 없어요.

하루는 어떤 분이 저를 찾아와 하소연했어요.

"스님, 너무너무 억울합니다. 아들이 음악을 하는데 이번에 대학 입시에서 떨어졌어요. 실력이 부족하면 제가 말도 안 해요. 그동안 나가는 대회마다 1등을 하고 대통령상까지 받았는데, 도대체 왜 떨어졌는지 이해가 안 돼요."

그분은 아주 이가 갈리고 세상이 싫어질 정도라고 했어요. 심지어 그 일과 관련된 사람은 다 죽었으면 좋겠다고요. 그만큼 증오심이 극에 달해 있었어요. 물론 속은 몹시 상하겠지만 합격 여부를 판단하는 것은 전적으로 심사하는 사람 소관이니 어쩔 수 없는 일입니다. 억울하다며 이를 갈아봤자 내 마음만 아프지 무슨 소용이 있겠어요? 어차피 지나간 일입니다. 억울하다고 아무리 말해본들 통할 수 없는 거라면 받아들여야 해요. 이것이 인생입니다. 이 세상이 거짓 없고 진실과 정법만 통한다면 이미 중생의 세상이 아니라 불보살의 세상, 즉 정토라고 하겠지만 현실은 그렇지 않아요. 여기는 지옥도 아니지만 극락도 아니에요.

온 힘을 쏟아 최선을 다했는데 그 정성이 통하지 않을 때, 우리는 화가 납니다. 내가 전적으로 부족함을 인정하는 경우에는 잘못돼도 섭섭하지 않아요. 만날 놀기만 하는 학생은 꼴찌를 해도 억울하지 않습니다. 그러나 밤잠을 설쳐가며 열심히 공부했는데 점수가 안 나오면 몹시 속상합니다. 농사도 안 짓고 놀러만 다닌 사람은 수확할 게 없다고 절망하지 않아요. 그러나 삼복더위에 쉬지 않고 땀 흘려 일했는데 자고 일어나니 농작물이 병충해를 입어 다 죽었거나, 가뭄이나 태풍으로 한 해 농사를 몽땅 망쳐버렸을 때, 그 심정은 뭐라 표현할 수 없을 정도입니다. 그렇지만 이런 경우에도 원망하거나 분노하는 것은 아무런 이익이 되지 않습니다.

하늘을 향해 이를 간다고 해서 뭐가 달라질까요? 아무것도 달라지지 않아요. 그럼 어떻게 해야 할까요? '이 또한 업이겠지' 하고 받아들여야 합니다. 그리고 마음을 추슬러 '지금 이 순간 무엇이 최선일까' 생각해서 필요한 조치를 취할 때 새로운 길이 열립니다. 마음도 편안해지고 희망도 생기는 것입니다.

'인간만사 새옹지마'라고 합니다. 그분의 아들이 대학에 떨어진 것은 어쩌면 더 좋은 인생길이 열리는 기회일 수도 있어요. 만약 아들이 시험에 합격했다면, 그 어머니는 절에 올 생각을 하지 않았을 거예요. 그런 일이 없었다면 그냥 그렇게 욕심부리고 성질내면서 한평생 살았겠지요. 그런데 시험에 떨어졌기 때문에 속상해서 법문을 들으러 왔습니다. 이 부분이 바로 인생이 바뀐 거예요. 절에 와서 부처님 가르침과 인연을 맺었으니, 이제 마음을 닦고 정진해서 완전한 자유와 행복으로 갈 수 있는 기회를 만난 거예요. 얼마나 다행스러운 일인가요?

고통을 넘어서는 마음공부를 통해서 인생사 모든 괴로움을 극복할 수 있는 힘과 지혜를 얻을 수 있어요. 이러한 변화는 고스란히 아들에게도 전해질 거예요. 삶의 문제는 누가 대신 해결해주는 게 아니라 오직 나의 노력으로만 풀 수 있습니다.

가슴속에 이글거리는 불덩이를 안고서 고통스러워한다고 불합격이 합격으로 바뀌지는 않습니다. 오히려 불덩이가 나를 해치고 업장만 두텁게 할 뿐, 아무런 이익도 없습니다. 그러니 지나간 일에 연연하지 마세요.

마음에 분노를 품고서 불보살의 가피를 바랄 수는 없습니다. 하늘은 스스로 돕는 자를 돕는다는 말이 있잖아요. 스스로 돕지 못하면 하늘도 도울 수 없어요. 보살의 가피를 받고 싶으면 스스로 보살의 마음을 내어야 해요. 내가 먼저 마음을 바르게 갖지 않으면 부처님도 도와줄 수 없어요. 부정적인 마음에는 가피가 담길 수 없습니다. 어떤 일을 당해도 휘둘리지 않는 지혜로운 사람이 되어야 합니다.

비록 역경을 만나더라도 미래를 위해 좋은 씨앗을 심는다는 생각으로 희망을 잃지 마세요. 그리고 지금이 아닌 다른 시절을 기다리지 마세요. 지금 이 순간, 내 마음을 바꾸는 이 순간, 모든 고통으로부터 벗어날 수 있다는 것이 부처님의 가르침입니다.

세상의 주인공은 '나' 자신입니다.

행복을 만들어가는 것도 나,

불행을 만들어가는 것도 나 자신이에요.

세상도 나로부터 시작됩니다.

내 마음을 열면 세상이 열리는 것이고,

내 마음을 닫으면 세상도 닫히는 거예요.

행복이란

영원한 것이 아니라

순간순간 변하는 거예요.

그렇기 때문에 우리는 자꾸

새로운 만족을 향해 달려가고 있어요.

행복은 누가 만들어주는 게 아니에요.

부처님이 주시는 것도 아니고,

하느님이 주시는 것도 아니에요.

행복은 우리가 스스로 만들어가는 거예요.

우리의 마음과 행동으로 만들어가는 것임을 잊지 마세요.

우리는 학교에서 무엇을 배웠고,

사회에서 무엇을 배우고 있나요?

잘해야 백 년 정도 살 수 있는 육신을

즐겁게 해주는 법만 배우고 있는 것은 아닌가요?

그러한 삶은 마치 어린아이가

눈깔사탕을 탐내는 것과 다르지 않습니다.

돌에 관한 명상, 2004

마음은 모든 것의 근원입니다.
어떤 마음을 가지고 있는가에 따라
사람이 달라지고 업이 달라집니다.
그런데 마음이라는 것은 형체가 없어서
볼 수도 없고, 만질 수도 없으며,
잠시도 가만히 있지 않습니다.
마음의 주인이 자기 자신이라고 하지만
정작 제 마음대로 하지 못하는 것이
마음이라는 놈입니다.

절은 복권 판매점이
아닙니다

옛날에는 인간이 하늘을 날아다닌다는 것은 생각도 못 했지만 인류는 기어이 하늘을 날아다니는 비행기를 만들었어요. 그 설계도를 하늘에서 팩스로 보내주었을까요? 아니에요. 수많은 과학자들이 연구하고 실험해서 만들어낸 거예요. 실패를 거듭하면서 끊임없이 노력한 결과, 눈부신 성과를 이뤄낸 것입니다. 이것이 마음의 능력이에요.

우리는 모두 그런 마음을 가지고 있습니다. 특별한 사람만 그런 능력을 가진 게 아니에요. 심지어 부처님의 마음과 우리의 마음이 같다고 말합니다. 중생이 어리석음을 벗어버리면 이 자리 그대로가 부처님의 마음자리입니다.

불교의 특징은 누구나 고통을 여읠 수 있는 종교라는 거예요. 우리는 수행을 통해서 고통을 여읠 수 있습니다. 괴로움에서 벗어나 행복하고 싶다면 어떻게 살아야 하는지, 그 방향을 정확히 알아야 합니다. 부처님께서는 그 실천방법으로 여덟 가지 바른 길, 즉 팔정도를 말씀하셨어요.

인생을 열심히 살아야 한다고 말하지만, 열심히 사는 것보다 중요한 것은 지혜롭게 사는 것입니다. 인생의 방향이 잘못되면 엉뚱한 길로 빠져버릴 수 있기 때문이에요. 부처님께서는 바른 견해와 바른 행위, 바른 수행을 말씀하셨는데, 이 가르침대로 실천하면 누구나 부처님과 같은 깨달음을 얻을 수 있는 거예요. 그래서 불교는 마땅히 모두가 다 깨달을 수 있는 종교라고 합니다.

절은 특별한 사람을 위한 곳이 아니라 모두를 위한 공간이에요. 누구든지 와서 진리의 가르침을 듣고 마음을 닦는 곳이 바로 절입니다. 그런데 절을 복권 판매점처럼 생각하는 사람도 있고, 어쩌다 기분 내키면 한 번씩 다녀가는 곳으로 여기는 분도 있어요. 참 안타까운 모습입니다.

누구를 위해서가 아니에요. 바로 나를 구제하기 위해서, 나 자신을 중생의 늪에서 건져내기 위해서 다니는 곳이 절입니다. 자기가 중생이라는 사실조차 모르는 사람은 마치 병자가 스스로 병자임을 모르는 것과 같아요. 괴로움 속에 있으면서도 그 괴로움을 알지 못한다면 그로부터 벗어날 수 없습니다. 바로 눈앞에 부처님이 나타나신다 해도 어쩔 수 없는 일이에요.

불교는 자아의 본성을 깨치는 종교입니다.

아직도 상당수 불자들이 기복적인 불교, 의식 중심의 불교에서 벗어나지 못하고 있어요. 그리고 특별한 날이 아니면 절에 간다는 생각을 하지 않습니다. 부처님 오신 날이나 동짓날, 매달 초하루, 보름 정도에나 가는 거라고 생각해요. 또 절에 가서는 불공이라는 의식을 통해서 복을 기원하는 정도에 그치고 있어요. 불교인지 샤머니즘인지 구분하기 어려울 정도예요. "나는 불자야"라고 하기보다는 "나는 절에 다녀"라고 합니다. 이웃집 가듯 그냥 다녀오는 것일 뿐, 진정한 불교의 정신이 무엇인지 관심 없는 불자들이 많아요.

출가한 스님들 중심의 불교가 아니라 재가불자도 진정한 불제자다운 신행생활을 하는 불교가 되어야 합니다. 세속에 살고 있다는 이유로 주변을 맴도는 종교생활을 할 것이 아니라, 비록 출가하지 않았어도 불교의 중심으로 들어와 스님 못지않은 신행생활을 해야 합니다. 그러면 삶이 크게 변화할 수 있어요.

그냥 살기 위해서 산다면 그 사람은 중생일 수밖에 없습니다. 그저 돈이나 벌기 위해서, 잘 먹고 잘 입기 위해서, 명예를 얻기 위해서 세월을 보내는 것은 어리석은 중생의 삶이에요. '주경야선晝耕夜禪'이라는 말이 있어요. 낮에는 일하고 밤에는 수행한다는 뜻입니다. 이러한 삶은 진리를 목표로 하는 삶, 영원한 생명의 주인이 되는 삶이에요.

'나'라고 하는 것은 어떤 존재인가요? 어머니의 뱃속에서 나와 죽을 때까지를 시작과 끝이라고 생각하지만, 부처님의 가르침을 공부해보면 그것은 단지 하나의 과정일 뿐이에요. 죽어도 죽는 것이 아니고, 태어나도 태어난 것이 아님을 알게 돼요. 이 모습 저 모습으로 바뀌며 윤회하지만 자아의 본성은 그렇지 않아요. 항상 여여하게 존재합니다. 그야말로 불생불멸인 거예요.

세상에는 참 다양한 사람들이 살아갑니다. 행실은 안 좋은데 돈이 많은 사람도 있고, 아주 도덕적인데 가난한 사람도 있어요. 또 된장찌개를 좋아하는 사람이 있는 반면에 싫어하는 사람도 있어요. 이렇게 생김새만큼이나 생각과 성격과 취향 등이 서로 다른 사람들이 한데 어울려 살아가고 있습니다. 그런데 '다름'과 '틀림'을 구분하지 못하는 사람이 많아서 심각한 갈등의 원인이 되기도 합니다.

"당신은 틀렸어."

이런 말은 상대의 감정을 상하게 합니다. '틀렸다'고 하지 말고 '다르다'고 해보세요.

"당신은 나랑 생각이 좀 다르네요."

이렇게 받아들이면 대화가 가능합니다. 소통이 될 수 있어요. '틀리다'고 하면 길을 갈 때 목적지에 도착할 수 없다는 것이지만, '다르다'고 하면 비록 길은 달라도 목적지는 같을 수 있다는 뜻이에요.

나와 생각이 다를 뿐이지 상대가 틀린 게 아니에요. 나는 여름을 좋아하는데 친구는 겨울을 좋아한다면 그건 취향이 서로 다른 것일 뿐이에요. 그러니까 상대가 틀린 게 아닌 거예요. 상대와 나의 생각이 다르다는 걸 인정한다면 우리가 겪는 갈등이 반으로 줄어들지 않을까요?

부처님께서 깨달음을 얻은 뒤 우리에게 전해주신 가르침은 지식이 아니라 지혜입니다. 그것은 백 년을 살아가는 삶의 방법이 아니라 세세생생 변함없는 삶의 지혜이자 진리입니다.

사실 그러한 지혜는 우리 마음에도 똑같이 갖춰져 있지만, 탐욕과 어리석음에 가려 있으니 괴로움이 끊이지 않는 거예요. 온갖 괴로움을 벗어던지고 행복하기 위해서는 진리를 향해 나아가야 합니다. 그렇게 부처의 성품을 드러내는 것이 바로 수행입니다.

수행은 곧 마음을 변화시키는 일인데, 그러려면 우선 진리의 가르침을 많이 들어야 합니다. 자꾸 듣고 배우며 바꿔가려고 노력하지 않으면 좀처럼 변화되지 않아요. 그리고 중요한 것은 실천이에요. 진리의 가르침을 아무리 많이 들었어도 실천하지 않으면 아무 소용이 없기 때문입니다.

생각의
품격을 높이세요

여러분은 무엇을 위해 살고 있나요? 그저 잘 먹고 잘 살기 위해 애쓰고 있다면 진지하게 생각해볼 필요가 있어요.

'이렇게 사는 것이 과연 정답일까? 돈을 벌기 위해서, 명예를 얻기 위해서, 권력을 잡기 위해서 정신없이 바쁘게 사는 것이 정말 가치 있는 삶일까? 나는 정말 잘 살고 있는 걸까?'

이 질문은 부처님께서 우리에게 보여주고자 하셨던 가르침의 중심에 있어요.

부처님께서는 어린 시절부터 이미 삶의 본질적인 문제를 깊이 고민하셨습니다. 출가하기 전 왕자의 신분으로 부왕을 따라 왕실의 농경제 의식에 참석했을 때였어요. 농부들이 땅을 갈아엎자 작은 벌레들이 드러났고, 그 벌레들을 새들이 달려들어 쪼아 먹는 것을 보았어요. 왕자는 그 광경을 보고 너무 마음이 아팠습니다. 생명이라는 것이, 삶이라는 것이 그저 아름답고 좋기만 한 것이 아니라 필연적으로 괴로움이 따른다는 냉엄한 현실에 눈을 뜨게 된 거예요.

왕자는 도저히 그 자리에 있지 못하고 근처 숲으로 가서 나무 아래에 앉아 깊은 사색에 잠겼습니다. 이 일은 훗날 깨달음을 성취하는 데 아주 중요한 계기가 됩니다. 그리고 이른바 '사문유관四門遊觀'을 통하여 그러한 인식이 극에 달합니다. 어느 날 왕자는 성의 동문으로 나갔다가 늙어서 고통 받는 노인을 보고 마음이 불편해져서 그냥 성안으로 돌아갔어요. 다음 날은 남문으로 나갔다가 질병으로 고통스러워하는 병자를 보았고, 그다음 날은 서문으로 나갔다가 죽은 사람을 보았어요. 그리고 북문에서는 출가한 수행자를 만났는데, 이러한 경험은 왕자가 출가를 결심하는 결정적 계기가 되었습니다.

'아무리 한 나라의 왕이 되고, 모든 사람이 갈망하는 부귀영화를 거머쥔다 하더라도 인간 본연의 괴로움, 즉 생로병사의 괴로움을 해결하지 못한다면 그것을 어떻게 진정한 행복이라 할 것인가? 진정한 행복의 길을 찾지 못하면 내 인생은 아무 의미가 없다.'

왕자는 이런 절박한 심정으로 왕위를 과감하게 포기하고 출가를 결행했던 거예요.

우리네 인생에 대해서, 참된 행복에 대해서 이토록 고민한 이가 또 있을까 싶을 정도로 부처님께서는 정말 깊은 사유를 하신 분입니다. 그리고 기어이 진정한 행복의 길을 찾아내고야 만 거예요. 정신없이 바쁘게 돌아가는 세상에서 잠시 호흡을 고르고 생각해보세요.

'나는 무엇을 위해 사는가? 나는 정말 잘 살고 있는 걸까? 무엇이 진정으로 행복한 길이며, 무엇이 진정으로 소중한 가치인가?'

불교는 언제나 마음을 강조합니다. 일을 할 때 먹고살기 위해서 어쩔 수 없이 한다고 생각하면 얼마나 비참한 인생인가요? 날마다 괴로울 수밖에 없습니다. 그러나 생각을 바꿔서 '나는 복을 짓고 있다'는 마음으로 해보세요. 한결 즐겁고 편안할 거예요. 가정에서 자녀를 양육하고 남편을 내조하고 살림을 한다면 '나는 보살행을 하고 있다, 업장을 녹이고 있다'는 마음으로 해보세요. 하기 싫은데 억지로 한다면 날마다 괴로움의 연속이지만, 한 생각 돌이켜 긍정적으로 받아들이면 여유롭고 즐거운 마음으로 살아갈 수 있어요.

인생도 마케팅을 잘해야 합니다. 자기의 품격을 스스로 높이세요. 날마다 좋은 옷을 입고 화려하게 치장하라는 게 아니라 생각의 품격을 높이라는 말이에요. 생각의 변화로 인해서 인생이 바뀌는 것을 스스로 체험할 수 있습니다.

자기 자신을 과대평가해도 곤란하지만 비하해도 안 됩니다. 물론 살다 보면 자신에게 실망하는 경우가 많지만, 부족한 점이 있더라도 여전히 소중하고 괜찮은 존재임을 잊지 말아야 해요. 자기를 별 볼일 없는 존재라고 생각하면 할 수 있는 일이 없지만, 필요한 존재라고 생각하면 할 일이 많이 보여요. 그렇게 나를 필요로 하는 인연을 찾아서, 내가 할 수 있는 일을 성실하게 하면 됩니다.

사주를 보는 사람들 이야기를 들어보면 흥미로운 사실이 있어요. 생년월일시를 넣어 사주를 풀이할 때 딱 한 가지로 해석하지 않고 몇 가지로 나누어 설명한다고 해요. 나이도 똑같고 한날한시에 태어난 사람인데 왜 다를까요? 사주에서도 인간은 환경의 지배를 받는 존재라고 보는 거예요. 예를 들면 이렇습니다.

'만약 이 사람이 부잣집에 태어났으면 평생 고통 속에 살겠지만, 가난한 집에 태어났으면 행복하게 진취적인 꿈을 키워갈 수 있다.'

대부분의 사람들이 풍요로운 환경에서 살고 싶어 합니다. 하지만 부잣집에 태어나 아쉬울 것 없이 사는 것보다 좀 부족한 여건에서 자라는 것이 오히려 사람을 단련시키고 성숙시킨다는 것을 알아야 합니다.

언젠가 어떤 분이 저에게 물으셨어요.

"절에서 체육대회를 준비한다며 더운 날씨에 땀을 뻘뻘 흘리면서 단체줄넘기 연습을 하던데, 도대체 어떤 마음인가요?"

저는 그것을 신심이라고 생각합니다. 그걸 한다고 돈이 생기겠어요, 밥이 생기겠어요? 아니면 대단한 명예가 생기겠어요? 힘도 들고 다리도 아프지만 거룩한 부처님 도량에서 불자들이 함께 어울려 화합할 수 있다면 아무 조건 없이 시간과 노력을 아끼지 않겠다는 마음, 아무리 더워도 행복하게 땀 흘릴 수 있다는 그 마음이 바로 보살의 마음입니다. 그리고 그런 행위가 곧 나의 품격을 높이는 행위입니다.

'부처님 눈에는 부처님만 보인다'는 말이 있어요. 똑같은 모습을 보고도 "어머, 미쳤어. 이 더운 날씨에 뭐하는 거야"라고 빈정거리는 사람은 매사 부정적이라 그렇게 보인다는 걸 알아야 해요. 반면에 찬사를 보내는 사람도 있어요.

"하루 종일 일하고 피곤할 텐데 화합하기 위해서 저렇게 땀을 흘리는구나."

같은 모습을 대하는 마음이 이렇게 다릅니다. 긍정하는 사람의 마음은 즐겁지만, 부정하는 사람의 마음은 즐거울 수 없어요. 즐거움을 연습하는 사람은 극락을 향해 나아가지만, 괴로움을 연습하는 사람은 그 반대쪽으로 갈 수밖에 없어요.

'어떤 인생을 살 것인가?'

내가 결정하는 것이고, 내 선택에 달렸어요. 난 언제나 필요한 존재라는 자존감을 가지고 정성스러운 삶을 살아보세요. 그것이 바로 행복의 길입니다.

머무는 곳마다
주인이 되세요

세상에서 가장 좋은 직업은 무엇일까요?

언젠가 큰스님께 여쭤본 적이 있는데 이 세상에 소중하지 않은 직업은 없다고 하시면서, 그래도 굳이 하나를 꼽자면 가장 좋은 직업은 농부라고 하셨어요. 왜 그럴까요? 생명을 먹여 살리는 것보다 더 중요한 일은 없기 때문입니다.

그래서 그다음으로 좋은 직업은 무엇인지 여쭈었더니 선생님이라고 하셨어요. 사람을 가르치는 것도 훌륭한 일입니다. 그리고 그다음으로 좋은 직업은 아픈 사람을 치료해주는 의사라며, 사람들의 고통을 없애주는 것도 대단히 소중한 일이라고 하셨어요.

요즘은 사회가 발달해서 직업의 종류가 참 다양합니다. 그런데 무슨 일을 하든 주인의식을 가져야 합니다. 중국 당나라 때 고승인 임제선사의 가르침 중에 '수처작주隨處作主'라는 말씀이 있어요. 머무는 곳에 주인이 되라는 의미입니다. 흔히 주인은 귀하신 분이고 종업원은 아랫사람으로 여기는 경우가 많은데, 과연 진정한 주인은 어떤 사람일까요? '나는 종업원이다' 또는 '나는 주인이다'라고 구별하는 사람은 절대로 주인이 될 수 없어요.

수처작주의 정신은 바로 주인의식을 갖는 것입니다. 직장인이라면 나에게 주어진 일만 한다는 생각에서 벗어나 그 이상의 일을 해보세요. 비록 몸은 힘들어도 마음만큼은 당당하고 행복할 거예요. 당장 눈앞에 보이는 이익에만 집착하지 말고 넓은 시야로 미래를 내다보아야 합니다. 힘들고 지치더라도 꾸준한 노력과 인내가 필요해요. '나는 사장이다', '나는 직원이다' 하는 구별을 넘어 서로가 힘을 합칠 때 희망도 있고 성공도 있습니다.

우리가 어떤 일을 할 때 대가를 받는 일이든 대가 없이 하는 일이든 관계없이 최선을 다해야 해요. 사실은 대가를 받지 않는 일을 더 열심히 해야 합니다. 어떤 부모는 학교에 다니는 자녀가 봉사활동을 하는 시간도 아까워 거짓으로 봉사확인서를 받아내려고 해요. 자식을 그렇게 비양심적인 일에 익숙하도록 키워서 어떻게 하려는지 참 걱정되고 안타까워요.

직장에서 일을 하거나 봉사를 하거나, 누가 보든 안 보든 상관없이 내가 할 일을 열심히 할 때 수승한 공덕이 됩니다. 제가 이런 말씀을 드리면 웃는 분들이 많아요.

"스님, 요즘 같은 세상에 그렇게 살면 사람들이 바보라고 그래요."

바보라고 하면 어때요? 모두가 비웃어도 정말 옳은 일이라면 실천해야 합니다. 하늘을 우러러 스스로 부끄럼이 없다면 떳떳이 하시면 됩니다.

요즘엔 학교뿐 아니라 직장에서도 따돌림 같은 게 있다고 합니다. 혼자서 일을 열심히 하면 동료들이 "저 친구 때문에 우리가 피곤해"라며 오히려 미워한다고요. 그래도 진실은 통하기 마련입니다. 바르게 행하고 진정성 있게 대한다면 분명히 좋은 결과가 있을 거예요. 이것이 공덕을 짓는 일입니다.

우리는 누구나 행복을 원합니다. 좀 더 풍요롭고 편안하기를 원해요. 나만 그런 게 아니라 모두가 똑같습니다. 나의 행복이 소중한 만큼 다른 사람의 행복도 소중히 여기고, 나보다 부족한 사람에게 무언가 필요한 것을 주는 것이야말로 훌륭한 공덕이 됩니다.

인간과 짐승의 차이는 무엇일까요? 짐승은 배가 고플 때 필요한 만큼만 먹고 그 이상 욕심을 부리지 않아요. 그러나 인간은 저장 능력이 있어서 그런지 그 욕심이 말도 못합니다. 그럼에도 우리 인간에게는 짐승들이 가지지 못한 특별한 점이 하나 있어요. 그것은 바로 어려운 사람을 도우려는 마음이에요. 나보다 어려운 이웃을 위해 나눌 줄 아는 마음, 이것이 복 짓는 마음이고, 이러한 보살행이 펼쳐지는 곳이 바로 정토입니다. 굳이 극락까지 갈 필요가 없어요.

하지만 현실은 그렇지 않습니다. 그런 마음이 참 좋기는 한데 실천하는 사람이 과연 얼마나 될까요? 대단히 어려운 일입니다. 그래서 세상이 점점 더 각박해지고 인생이 점점 더 힘들어지는 거예요. 이러한 괴로움에서 벗어나는 하나의 방법으로 불교에서는 베풀고 나누는 보시를 강조합니다. 그리고 보시가 수승한 공덕이 되려면 그 과정도 중요해요.

사람들은 홍길동을 의적이라고 치켜세우지만 자기가 가진 것을 나눠주는 것이 아니라 다른 사람의 것을 빼앗아서 가난한 사람에게 주는 것을 바람직한 행위라고 할 수는 없어요. 자기가 열심히 땀 흘려 얻은 결과물을 나눌 때 비로소 진정한 공덕이 되는 것입니다.

티베트 사람들은 우리와 달리 생일을 별로 신경 쓰지 않는다고 해요. 왜 그럴까요? 어차피 그럴 만한 인연으로 태어난 것이니까, 그보다 '어떻게 해야 더 많은 공덕을 지어 행복한 미래를 살 수 있을까? 오는 곳은 모르지만 가는 곳은 알아야겠다'는 생각을 가지고 살기 때문이라고 합니다. 그러니 생일이 대수가 아니지요. 경제적으로 궁핍하지만 티베트 사람들의 얼굴에는 평화로운 미소가 흐릅니다. 그들의 행복지수는 우리보다 높아요.

간혹 제게 이런 질문을 하는 분들이 있어요.

"스님, 저는 전생에 뭐였을까요?"

"스님, 저는 죽어서 뭐가 될 것 같으세요?"

그렇게 내세가 걱정되면 지금 열심히 공덕을 쌓으면 됩니다. 과거의 행위가 현재의 모습으로 나타나고, 현재의 행위가 미래의 내 모습을 만듭니다.

좋은 대학을 나와서 출세하고

돈을 많이 버는 것보다 백배 천배 중요한 것은,

인간이 인간다워야 한다는 것입니다.

양심에 비추어 부끄럼 없이 살 때

이것이야말로 나에게 이익 되는 길이며,

부처님의 가르침에 부합하는 삶이라고 할 수 있어요.

씨앗을 심는 것이 먼저일까요,

아니면 수확을 하는 것이 먼저일까요?

말할 것도 없이 씨앗을 먼저 심어야 하는데도

대개 수확부터 생각해요.

씨앗도 심지 않고 곳간이 채워지기를 기다린다면

이 얼마나 어리석은 생각인가요?

———

진리의 가르침을 많이 듣는 것은

성스러운 보물을 갖는 것과 같습니다.

그것은 도둑이나 임금도 빼앗아 가지 못하고,

물이나 불, 심지어 죽음조차

앗아가지 못하는 진정한 보물입니다.

———

긍정적인 사람은 할 일이 많아요.

할 일이 많은 사람은 행복합니다.

그러나 찾아주는 이도 없고,

머무는 곳마다 자기 자리로 느끼지 않는 사람은 불행해요.

가는 곳마다 환영받지 못해 바늘방석인 사람이 있는가 하면,

가는 곳마다 내 집처럼 즐거워하는 사람도 있어요.

내 마음 하나 바뀌는 순간, 이 자리가 바로 극락입니다.

때를 기다릴 필요도 없고, 장소를 가릴 필요도 없어요.

긍정적인 마음으로 한 생각 돌리면

그만큼 편안하고, 그만큼 자유로울 수 있어요.

현실을 긍정하면 세상의 주인이지만,

현실을 부정하면 영원한 손님일 수밖에 없습니다.

세상을 욕심으로 살면 업이 되고,

순리대로 살면 공덕이 됩니다.

애써서 출세해도 한생이고, 순리대로 살아도 한생이에요.

악업을 지을 것인가, 아니면 공덕을 지을 것인가?

목표를 분명히 하고 살아야 합니다.

불교는 밖에서 믿음의 대상을 찾는 종교가 아니에요.
'심즉시불', 마음이 곧 부처라는 말입니다.
내 마음에 부처가 있음을 자각하고,
내 안의 불성을 찾기 위해 노력하는 것이 불교입니다.
내 마음속에 보물이 있는 것을 알지 못하고
자꾸 밖으로만 관심을 둔다면
평생을 헤매어도 결코 찾을 수 없습니다.

2

변화의 장

돌에 관한 명상, 2004

덜어내면
가볍습니다

우리는 대개 손해 보는 것을 싫어합니다. 그런데 손해를 보지 않으려고 하면 다른 사람들이 곁을 주지 않아요. 자기는 손해 보기 싫어하면서도 주변에 좋은 사람이 많기를 바란다면 정말 말도 안 되는 욕심이에요. 너무 계산적으로 약게 살면 좋아할 사람이 없어요.

내 주변에 좋은 사람이 많이 모여들게 하려면 손해를 감내할 줄 알아야 합니다. 물이 조건을 따지지 않고 있는 그대로 받아들이듯, 불자도 그와 같아야 합니다. 이것이 진리의 길을 가는 사람의 자세입니다. 지금 당장은 손해로 보이지만 일시적인 것이지 영원한 손해가 아닙니다.

불교는 행위에 따른 결과를 믿는 종교입니다. 그래서 "선인선과善因善果요, 악인악과惡因惡果"라 했습니다. 선을 행하는 사람은 선의 과보를 받고, 악을 행하는 사람은 악의 과보를 받는 것이 부처님의 가르침이자 진리입니다.

간혹 의문을 제기하는 분들이 있어요.

"스님, 저는 착하게 사는데 하는 일마다 안돼서 속상해요. 오히려 악한 사람이 잘되는 경우를 더 많이 봅니다."

"저는 지극한 마음으로 부처님을 믿는데도 되는 일이 없고, 저 사람은 부처님을 비방하는데도 잘되는 걸 보면 부처님 법이란 것도 없는 것 같아요."

그러나 눈에 보이는 게 전부가 아니에요. 악행을 저지르는 사람이 좋은 과실을 딴다면 그것은 지금 행위의 결과가 아니라 먼 과거생의 결과입니다. 지금의 악행이 과보로 나타나기까지 더 많은 시간이 필요할 수도 있어요. 그러니까 순간의 쾌락이나 이익에 눈멀지 말고 먼 미래를 내다보아야 합니다. 그 기본이 바로 손해 볼 줄 아는 마음입니다.

저도 한때 그런 의심이 들어서 큰스님께 여쭤본 적이 있어요.

"스님, 제가 보기에 저 사람은 마음을 잘 쓰는 것 같지 않습니다. 그의 행위를 옳다고 하는 사람도 거의 없습니다. 그런데도 별 어려움 없이 잘 사는 걸 보면, 아무리 생각해도 인과의 가르침에 맞지 않는 것 같습니다."

그러면 큰스님께선 빙그레 웃으며 말씀하셨어요.

"뭘 그렇게 남의 일에 신경을 쓰냐?"

자기 허물이나 고치지 왜 남의 일을 시비하느냐는 말씀이지요. 그러

고 나서 덧붙이시길,

"짐을 져도 한 짐을 잔뜩 져야 못 일어나는 법이다."

죄를 지었어도 아직은 표가 안 난다는 거예요. 그런데 죄가 쌓이고 쌓이다 보면 언젠가 비로소 결과가 나타난다는 말씀이었어요. 좋은 일도 마찬가지예요.

중국 당나라 때 동산 스님 문하에 수천 명의 제자가 있었어요. 옛날 스님들은 탁발해서 음식을 나눠 먹었는데 그러다 보니 늘 양이 부족했어요. 어느 날 한 제자가 동산 스님에게 여쭈었어요.

"스님, 저희는 언제쯤이면 좀 넉넉하게 먹어볼 수 있을까요?"

그러자 동산 스님이 말씀하셨습니다.

"모두가 자기 욕심만 채우려고 하면 아무리 세월이 흘러도 넉넉하지 못할 것이고, 서로 손해 보는 마음, 베푸는 마음을 갖는다면 내일 아침부터 밥이 한 그릇씩 남을 것이다."

요즘 우리 사회를 보면 정말 땟거리 없는 배고픔보다는 순전히 상대적 비교로 인한 배고픔이 더 큰 것 같습니다. 20~30년 전과 비교해봐도 생활이 많이 풍요로워진 건 사실인데, 피부로 느끼는 만족은 크지 않은 것 같아요. 여전히 '돈 없다, 돈 없다' 하고 '죽겠다, 죽겠다' 하며 힘들어하니까요.

제가 아는 분 중에 돈이 많은 것도 아닌데 참 행복하게 사는 분이 있어요. 평생을 공무원으로 사신 그분은 지금까지 소형차 외에는 타본 적이 없어요. 그래도 전혀 불편하지 않다고 해요. 자동차가 굴러가기면 하면 되지, 거기에 뭐 그렇게 신경을 쓰냐는 거예요. 웬만한 거리는 걸어 다니니 살도 안 찌고 건강에 아주 좋다고 해요. 굳이 맛있는 것, 좋은 것을 먹으러 다니지 않고 그냥 주어지는 대로 먹고, 되도록 몸을 많이 움직이려고 노력합니다. 칠순이 넘었는데도 여전히 정정하고 얼굴이 그렇게 맑을 수가 없어요. 친구들 중에 대기업 사장도 있지만, 스트레스 받으며 힘들게 사는 그들보다 훨씬 건강한 삶을 살고 있다고 자부하는 분입니다.

그분의 이야기에 저는 아주 공감이 갔어요. 인생이라는 것이 물질로써 만족하려면 한도 끝도 없지만, 스스로 만족함을 알면 그 자리가 극락이에요. 그분은 속인이지만 출가해서 살고 있는 저를 참으로 부끄럽게 합니다.

사실 물질적인 부분은 육신을 지탱하는 데에 불편함만 없으면 그만입니다. 문제는 그것을 과시하려는 태도예요. 억만금을 모으려고 애쓰기보다 적은 것으로도 만족하는 마음, 즉 소욕지족少欲知足의 자세로 살아야 합니다. 조금 손해 보는 삶에 복이 있다고 하는 이유입니다.

들꽃을 꺾어서라도
마음을 전하세요

　우리는 눈만 뜨면 갈등 속에서 살아갑니다. 부처님께서는 우리가 마치 불타는 집에 있는 것과 같다고 하셨어요. 《법화경》에 유명한 '불난 집의 비유'가 나옵니다.

　어떤 부자의 집에 어느 날 큰불이 났습니다. 부자는 급히 빠져나왔지만 아이들은 집이 불타는 줄도 모르고 정신없이 안에서 놀고 있었어요. 부자는 불이 났다고 다급하게 외치지만, 아이들은 놀이에 정신이 팔려서 그 소리를 못 듣고 있는 거예요. 우리가 딱 그렇다는 것입니다. 번뇌의 불길 속에 있으면서도 그런 줄을 모르고 있으니까요.

　부처님께서는 우리 눈이 불타고, 귀가 불타고, 코가 불타고, 입이 불타고 있다고 하셨어요. 그 불이 과연 무엇일까요? 눈으로 모양과 색을 보면서, 귀로 소리를 들으면서, 코로 냄새를 맡으면서, 입으로 맛을 느끼면서, 몸으로 감촉을 느끼면서, 머리로 생각하면서 우리 마음은 한시도 고요하지 못하고 요동치고 있으니, 이것이 바로 번뇌의 불길입니다.

그럼 눈을 가리면 번뇌의 불이 꺼질까요? 이미 마음속에 용광로를 만들어놓고 불을 붙이지 않았을 뿐이지 불씨는 여전합니다. 그래서 불을 붙여도 타지 않을 정도로 마음을 다스려야 하는데, 이것을 수행이라고 합니다. 대상을 보지 않는 상태에서 마음이 고요하다고, 수행이 잘 됐다고 생각하면 안 돼요. 그건 착각이에요. 대상을 보면서도 마음이 고요해야 합니다. 그런데 우리는 좋은 걸 보면 좋은 대로, 싫은 걸 보면 싫은 대로 이리저리 휘둘리다 보니 마음 편할 날이 없어요. 이것이 괴로움입니다.

누구나 결혼할 때는 '이 사람이야말로 최고의 사랑'이라는 확신을 가집니다. 그런데 몇 년 살면서 친구들 이야기를 들어보니까 아닌 거예요. 내 남편보다 친구 남편이 여러모로 훨씬 나아 보여요. 그러면 그 순간부터 속았다는 생각만 들어요. 나보다 못했던 친구가 어쩌다 남편 잘 만나 잘 산다고 생각하면 동창이 미워지고, 남편도 하는 짓마다 미워지기 시작합니다. 이렇게 괴로움이 시작되는 거예요.

자꾸 남과 비교하며 괴로워하는 것은 수행이 덜 됐다는 증거입니다. 굳이 남들과 비교할 필요 없어요.

'그래, 너는 너대로 최선을 다해 사는구나. 나도 나대로 최선을 다하고 있다. 그러면서 너도 성장하고 나도 성장하니 참으로 의미 있는 삶

이 아닌가.'

이렇게 생각하면 얼마나 좋아요. 남을 무시해도 안 되지만 너무 의식할 필요가 없어요. 나는 나대로 행복하면 되는 것이고, 남의 행복을 나의 행복처럼 기뻐할 때 나도 덩달아 행복할 수 있어요.

우리 속담에 '사촌이 땅을 사면 배가 아프다'는 말이 있어요. 나하고 전혀 관계없는 사람이 땅을 사면 괜찮은데 가까운 사람일수록 배가 아픈 이유는 뭘까요? 우리는 고통의 원인을 몰라요. 원인을 모르면 고통에서 벗어날 수 없어요. 그래서 부처님께서 '불난 집의 비유'를 들며 '눈이 불타고, 귀가 불타고 있다'고 경고하신 거예요.

절에 오는 사람들 중에는 발등에 떨어진 불을 끄러 오시는 분이 많습니다. 그중 가장 큰 고민이 대개 돈 문제예요. 그분들을 상담해드리면 돌아가실 때 꼭 약속을 합니다.

"스님, 이번 일만 잘 풀리면 절에 열심히 다닐게요."

사실 잘되면 잘되는 대로, 잘 안되면 안되는 대로 열심히 다녀야 하는 곳이 절인데, 거기에 꼭 조건을 붙여요. 마치 부처님을 위해 절에 다니는 것처럼 생각해요. 지금 답답한 사람은 부처님이 아닌데, 진정 누가 답답한지도 모르는 거예요.

사람 마음이 참 묘합니다. 절박한 상황에서는 이 문제만 해결할 수 있다면 아무것도 아깝지 않고 뭐든지 할 것 같은 심정이에요. 그래서 절에 와서도 "이번 일만 잘되게 해주시면 그 은혜는 꼭 갚겠습니다"라고 아주 간절하게 기도합니다. 그러면 저는 믿어요. 저만 믿는 게 아니라 그걸 가장 잘 믿어주시는 분이 바로 부처님이에요. 그러나 안타깝게도, 절박했던 문제가 해결되면 그 약속이 지켜지는 경우는 드물어요. 아쉬울 때 마음과 그 후의 마음이 다른 거예요.

벌써 여러 해 전 일입니다. 괌에 대한항공 여객기가 추락해서 많은 사람이 사망한 참사가 있었습니다. 그때 천 억대 재산가였던 회장님 일가족이 모두 사망하고 딱 한 사람, 사위만 살아남은 집이 있었어요. 사위는 바빠서 가족과 함께 비행기를 타지 못하고 다음 날 따로 출발하려다가 사고를 피했다고 해요. 그래서 그 많은 유산과 보상금이 모두 사위에게 돌아가게 되었어요. 그는 유산을 상속하면 사회에 환원하겠다고 매스컴을 통해서 공공연하게 말했어요. 그때 심정은 부인과 자식을 잃은 슬픔이 워낙 커서 '돈이 무슨 소용이냐' 하는 생각이었을 것입니다. 그래서 순수한 마음으로 그런 말을 했는데, 나중에 생각해보니 그 돈이 아까웠는지 사회에 환원하겠다는 약속도 안 지키고, 일가친척에게도 안 주고, 움켜쥐고 있다는 뉴스를 보았어요.

누구나 절박할 때는 '내가 돈만 있어봐라' 하는 심정으로 좋은 일을 많이 할 것처럼 말하는데 정말 그럴 수 있을까요? 그때 가봐야 압니다. 가정에서도 마찬가지예요. 부인 생일에 "내가 돈만 있어봐. 다이아몬

드 목걸이를 해주고도 남아"라고 큰소리치던 남편이 막상 돈이 생기면 마음이 달라져요. 욕심이 눈을 가립니다.

부처님께서는 분노와 함께 탐욕도 하루빨리 버려야 할 독이라고 하셨어요. 탐욕에 휘둘려 집착을 버리지 못하면 인생이 내내 괴로울 수밖에 없습니다.

얼마를 벌고 난 이후에 뭘 하겠다는 생각을 버리고 지금 할 수 있는 일을 하세요. 주머니에 가진 게 아무것도 없거든 들꽃을 꺾어서라도 마음을 전하세요. 억만금으로도 살 수 없는 감동과 사랑이 피어날 것입니다.

꼭 문서에 사인한 것만 약속이 아니라 마음으로 한 것도 약속입니다. 완벽하게는 못 지킨다 해도 지키려고 애쓰는 것 자체로도 공덕이 됩니다. 그래서 마음을 함부로 내지 말아야 해요. 마음을 제대로 단속하지 못하면 내 마음도 괴롭고 상대방도 괴롭게 하여 갈등의 원인이 되기 때문이에요.

옛날 도인들이 마음을 어떻게 단속했는지 잘 보여주는 이야기가 있어요. 조선시대 고승 진묵대사의 일화를 소개합니다.

하루는 대사가 자다가 목이 말라 일어나 보니 머리맡에 자리끼가 없었어요. 물을 마시러 나갈까 말까 망설이고 있는데, 마침 상좌가 물그릇을 들고 들어왔어요.

"얘, 내가 목이 마른 줄 어찌 알았느냐?"

"금강신장님이 꿈에 나타나 스님 방에 자리끼를 떠다놓지 않았다고 호통을 치셨어요."

그러자 진묵대사는 길게 탄식했습니다.

"아아, 꿈에서도 들키지 말아야 할 것이 마음이거늘, 신장에게 들킬 정도이니 내 수행이 아직 멀었구나."

이것이 불도입니다. 말과 행동을 조심하는 것은 물론, 마음조차 함부로 일어나지 않도록 닦아가는 것, 그래서 나도 편안하고 모두가 더불어 행복하게 살아가는 지혜, 이것이 불교입니다.

늙어도 괴롭지 않고,
병들어도 괴롭지 않은

절에 다닌다고 해서 무조건 불자는 아니에요. 어떤 마음으로, 어떻게 사느냐가 중요해요. 재가불자는 자기가 머무는 자리에서 청정하게 살아야 합니다. 어떻게 사는 게 청정한 걸까요?

우선, 마음에 걸림이 없어야 합니다. 그리고 자기가 할 도리를 다해야 합니다. 부모는 부모로서 역할을 다해야 하고, 남편은 남편대로, 아내는 아내대로 자기 역할을 다해야 합니다. 이웃과 친구, 그 밖의 모든 관계에 대해서도 도리를 다하여 걸림 없이 사는 모습을 청정하게 산다고 하는 거예요. 거기에 더하여 다른 사람의 고통을 방관하지 않고 뭔가 도와주려 애쓰고 포용하는 마음으로 살아가는 것을 청정한 삶이라고 해요. 이런 마음으로 목숨이 다하는 날까지 삼보에 귀의하는 삶을 살아가면, 그 사람을 일컬어 불자라고 하는 것입니다.

그런데 요즘 세태를 보면 자기 욕심으로 절에 다니는 사람이 많아요. 의외로 많은 불자들이 '어딜 가야 소원이 빨리 이루어질까?' 하는 기복신앙에 젖어 있어요. 그래서 영험이 있다는 도량을 찾아 이 절 저 절 철새처럼 전전해요. 그 정성을 누가 탓하겠습니까마는, 그런 어리석은 마음으로 과연 소원이 이루어질까요? 다 부질없는 일입니다.

불자라면 믿음을 갖되 바른 믿음을 가져야 해요. 무조건 부처님 앞에 엎드려 빌기만 하면 될까요? 불교는 결코 그런 종교가 아닌데 그렇게 이해하는 분들이 있어요. 불교는 외부에서 믿음의 대상을 찾는 종교가 아니에요. '심즉시불心卽是佛', 마음이 곧 부처라는 말입니다. 내 마음에 부처가 있음을 자각하고 내 안의 불성을 찾기 위해 노력하는 종교가 불교입니다. 내 마음속에 보물이 있는 것을 알지 못하고 자꾸 밖으로만 관심을 둔다면 평생을 헤매어도 결코 찾을 수 없어요.

법당에 모신 불상에 부처님의 가피가 있다고 생각하지 마세요. 불상이 아무리 위대한 모습을 하고 있어도 부처님을 보면서 내 마음의 불성을 읽어내지 못하면 아무 소용이 없습니다.

부처님께서는 늙지 않고, 병들지 않고, 죽지 않는 영생의 방법을 말씀하지 않으셨어요. 늙어도 괴롭지 않고, 병들어도 괴롭지 않고, 죽어도 괴롭지 않은 해탈의 지혜를 가르치셨습니다. 부처님께서도 똑같이 생로병사의 과정을 거치셨어요. 태어났으면 언젠가 죽는 게 당연한 일인데, 죽지 않게 해달라고 빈다면 그건 터무니없는 욕심이에요.

우리는 감기만 걸려도 '어쩌다 내가 재수 없게 감기에 걸렸나' 하고 억울하단 생각을 합니다. 하지만 감기에 왜 걸렸겠어요? 다 그럴 만한 이유가 있어서예요. 너무 무리해서 면역력이 떨어졌다든지, 위생 관리를 소홀히 해서 바이러스가 들어왔다든지, 무슨 원인이 있으니까 감기라는 결과로 나타난 것입니다. 부처님께서는 그런 인과의 법칙을 가르치셨어요. 이치를 깨달아 아는 게 바른 믿음인데, 물이 거꾸로 흐르게 해달라고 빈다면 이 얼마나 어리석은 믿음인가요?

어떤 사람이 이웃을 한 명 데리고 절에 갔어요. 부처님께 참배도 하고 스님도 만나고 잘 다녀왔는데, 그날 이웃의 집에 도둑이 들었어요. 절에 가느라 집을 비운 사이에 도둑이 들었으니 대단히 실망했겠지요. 부처님이 영험하면 응당 지켜주셨어야 하는데 말이에요.

그런데 자세히 살펴보니 별 피해가 없었어요. 현금도 꽤 있었고 패물도 많았는데 안방을 온통 난장판으로 해놓고도 겨우 목걸이와 반지 몇 개만 가져갔을 뿐, 나머지는 무사했던 거예요. 그러자 다시 스님을 찾아가 감사인사를 드린 뒤, 절도 영험하고 스님도 영험하다며 자랑을 하더랍니다. 그게 정말 영험일까요? 얼마나 의지할 데가 없으면 그런 허망한 생각을 하겠어요? 자기 마음 바꿀 생각은 안 하고 영험함만 찾다 보니 그런 거예요.

다시 한 번 강조하지만, 불교는 절대적인 존재를 믿는 게 아니라 자아의 본성을 믿는 거예요. 불교를 바르게 믿고 내 삶이 좋아지려면 강한 의지가 필요해요. 이리저리 휘둘리는 나약한 마음으로는 곤란합니다.

법당에 계신 부처님의 모습이 위대한 게 아니에요. 그 모습을 보고 내 안에 잠재된 불성을 발견하는 것 자체가 부처님의 가피이고, 그것이 곧 부처님의 진정한 모습이에요. 마음에 중심이 딱 잡히지 않으면 이리저리 휘둘리게 돼요. 어리석으면 삿된 말에 현혹되기 쉽습니다.

현대 과학이 놀랄 정도로 발달해서 우리 생활이 무척 편리해지고 있어요. 그 위대한 성과가 어느 날 문득, 하늘에서 뚝 떨어진 게 아니에요. 모두 인간의 마음으로부터 비롯된 것입니다. 과학자가 연구실에서 온 마음을 쏟아 연구에 연구를 거듭한 결과입니다. 우리가 상상하는 것은 미래에 다 이뤄질 수 있어요. 우리가 어렸을 때 보았던 과학만화나 SF영화가 하나둘 현실로 나타나고 있잖아요.

생각해보세요. 눈으로는 겨우 내 주변만 보이지만 마음으로는 미국도 볼 수 있어요. 전 세계 어디든지 다 볼 수 있습니다. 하늘을 날고 싶다는 간절한 마음이 결국에는 수백 명을 태우고 몇 시간씩 날아다니는 비행기를 만들어냈고, 이제는 우주여행조차 신기하지 않은 세상이 되었어요. 정말 꿈같은 상상이 현실로 나타나고 있어요. 이 모든 일이 어디에서 비롯되었나요? 그 시작은 바로 마음입니다. 마음은 이렇게 위대합니다. 그래서 '즉심시불卽心是佛'이라는 말이 참 위대한 가르침이라고 생각해요. 마음이 곧 부처이고, 마음이 곧 우주의 근본이며, 마음이 바로 세상의 주인공입니다.

그런데 개중에는 '부처님이나 과학자는 위대하지만 나는 별 볼일 없다'라고 생각하는 사람이 있어요. 아니에요. 누구에게나 무한한 가능성이 있어요. 바로 내가 세상을 만들어가는 주인공이라는 사실을 잊지 마세요. 다만, 이 주인공이 '보살이냐, 중생이냐' 이것을 분명히 해야 합니다. 남을 위해 살면 보살이요, 나를 위해 살면 중생입니다. 인생을 너무 계산적으로 살기보다 좀 손해 보듯 살아야 복이 되는 것입니다.

번뇌의 장애를 걷어내면 바로 부처입니다. 이러한 진리를 믿는 것, 무한긍정의 믿음을 갖는 것이 불자의 근본이에요.

돌에 관한 명상, 2004

가장 위대한 사람은
자기 자신을 다스린 사람이고,
그 핵심은 마음을 잘 다스리는 것입니다.
이리저리 휩쓸리고 출렁이고 기웃거리는
마음을 차분하게 가라앉혀
바르고 아름다운 마음으로 만드는 것이
그 어떤 일보다 중요합니다.
육체의 건강 못지않게
마음의 건강을 잘 살펴야 합니다.

기적을 바라는 건 바른 믿음이 아니에요.

여름이 가면 가을이 오고,

가을이 가면 겨울이 오는 것은 당연한 이치입니다.

그런데 추위가 두렵다고 겨울이 오지 않길 바란다면,

그것은 어리석은 생각이에요.

지혜로운 사람은 겨울을 잘 날 수 있는 방법을 연구합니다.

물은 그릇을 탓하지 않습니다.

그릇이 크든 작든, 둥글든 네모나든,

그릇에 자기를 맞춥니다.

행복하고 싶다면

조건을 탓하지 않는 물같이 살아야 합니다.

내가 그럴 만한 이유가 있으면

상대도 그럴 만한 사정이 있는 것입니다.

그걸 인정하면 마음에 여유가 생겨요.

내 관점에서만 보지 말고

상대의 관점에서도 볼 줄 알아야 합니다.

나의 업은 나의 행위에 달려 있습니다.

부처님을 위해 절에 다니는 게 아니라

나 자신을 위해 다니는 거예요.

거기에 조건을 달지 마세요.

스님,
저 기억나세요?

간혹 불교를 잘못 이해해서 무슨 도술을 부린다거나, 앉아서 구만리를 본다는 등 일종의 신비주의로 여기는 분들이 있어요. 불교는 그런 허무맹랑한 종교가 아닙니다. 부처님 당시의 가르침을 살펴보아도 지극히 현실적인 부분을 강조하고 있어요.

스님들이 선방에 들어앉아 참선하고, 불자들이 열심히 기도하는 것이 과연 무엇을 위한 것인가요? 참선을 하든, 염불을 하든 나름대로 열심히 수행하지만 정작 삶에 아무런 변화가 나타나지 않는다면, 진정한 수행이라고 할 수 없어요. 수행을 하면 그만큼 마음의 변화가 있어야 하고, 그것이 생활로 나타나야 해요.

옛날 중국 양나라에 무제라는 황제가 있었어요. 그는 스님들을 궁으로 자주 초청해 공양 시중을 들었으며, 십 리마다 절을 하나씩 짓고,

경전도 많이 편찬하는 등 신심이 깊어서 불심천자라고 불렸어요. 어느 날 인도의 고승 달마대사가 왔다는 소식을 듣고 황제는 얼른 대사를 모셔오게 했어요.

무제가 달마대사에게 물었습니다.

"나는 지금껏 많은 절을 짓고, 경전을 편찬하고, 수많은 스님들께 공양을 올렸는데 그 공덕이 얼마나 되겠소?"

그러자 달마대사가 말했어요.

"공덕이 없습니다."

공덕이 크기는 한데 스스로 복을 까먹고 있다는 걸 황제는 몰랐던 거지요. 그것은 마치 씨앗을 잘 심어놓고 얼마나 자랐나 궁금해서 틈만 나면 싹을 뽑아보는 것과 다름없어요. 씨앗을 심었으면 조급해하지 말고 싹이 나서 열매를 맺을 때까지 기다려야 해요.

예전에 불사를 할 때 시주하신 분인데 저를 만날 때마다 이렇게 물어보는 분이 있어요.

"스님, 저 그때 서까래를 했던 사람인데 기억나세요?"

다른 사람은 몰라도 크게 시주한 나만큼은 알아달라는 말이지요. 그런 분들을 볼 때마다 안타깝습니다. 그분의 시주가 공덕이 되는 것은 분명하지만, '대단한 일을 했다, 훌륭한 일을 했다'는 그 생각 때문에 공덕이 제대로 완성되지 못하는 거예요.

일이 잘 안 풀려서 답답하다는 분들에게 제가 드리고 싶은 말씀이
있어요.

"청정한 마음으로 지혜를 닦으세요. 그리고 공덕을 지으려고 노력하
세요."

지혜는 마음의 씨앗을 품종개량 하는 것과 같고, 공덕은 그 씨앗이
잘 자랄 수 있도록 거름을 주는 것과 같습니다. 결국 복과 지혜를 말하
는 것인데, 그걸 구족하신 분이 부처님이에요. 그런 부처님의 제자가
된다는 것은 복을 짓고 지혜를 완성해간다는 의미이며, 이것은 불교의
목적이기도 합니다.

스스로 '나는 좋은 일을 했다'는 생각을 가지면 서운한 마음이 따라
오게 돼 있어요. 그러나 주고도 줬다는 생각을 하지 않으면 서운한 마
음이 생기지 않습니다. 그러니까 상대방에게 최대한 잘해주되, 잘해줬
다는 생각을 버리세요. 그런 생각은 괴로움의 원인이 됩니다.

부모와 자식 간에 갈등이 생기는 원인을 잘 들여다보면 이러한 심리
가 문제인 경우가 많아요. 자식한테 잘해줬다는 생각, 보답을 받겠다는
생각을 내려놓아야 합니다. 그럴 때 좋은 과보를 받는 것이지, 마치 빚
을 갚으라는 듯 바라는 마음을 가진다면 그것이 불화의 씨앗이 됩니다.
세상이 옛날 같지 않다는 것을 받아들여야 하고, 더욱이 불자라면 마
음을 비우고 모든 걸 수행으로 여겨야 합니다.

그런데 이게 참 어렵습니다. 어떻게 하면 마음을 비울 수 있을까요? 주고도 줬다는 생각을 갖지 않으려면 어떻게 해야 할까요? 상대에 대해 측은한 마음을 가지면 됩니다. 남편과 아내를 측은하게 보고, 자식과 이웃을 측은하게 보면 거기에서 좋은 마음이 생겨납니다. 부처님은 모든 중생을 측은하게 보시는 분이에요. 중생이 탐욕과 성냄과 어리석음이라는 삼독을 버리지 못해 육도를 윤회하고 있으니 너무도 불쌍한 거예요. 우리도 측은한 마음으로 상대를 대해야 합니다.

남에게 주는 걸 아까워하지 말고 바라는 마음 없이 베푸세요. 값비싼 선물을 사다 주고 물질적인 것을 나누는 것만이 보시가 아니에요. 기본은 상대에 대한 측은지심입니다. 나이가 많거나 적거나, 항상 상대의 입장에서 생각하고 측은한 마음을 가지세요.

어떤 분이 명문대를 졸업한 뒤 미국에 가서 박사학위를 받고 손꼽히는 대기업에 들어가 중역의 자리까지 올랐어요. 그런데 거기에 만족할 수 없어서 과감하게 사표를 내고 벤처기업을 시작했어요. 그렇지만 사업이 의욕만으로 되는 게 아니죠. 창업 3년 만에 큰 시련에 봉착해서 회사가 망해버렸어요. 누구보다 성실하게 일했지만 현실은 성공을 허락하지 않은 거예요.

그분은 절망스런 마음으로 부처님 도량을 찾았고, 스님으로부터 '비우는 것이 답'이라는 말씀을 들었어요. 그때부터는 '비워버리자, 비워

버리자' 하며 오직 비우기 위한 기도를 했어요. 어느 날 문득, 가슴 깊은 곳에서 메아리가 들려왔어요.

'먼저 네 것을 버려라.'

그분은 생각했어요.

'내 것을 버리라니… 도대체 무엇을 버려야 하는 걸까?'

그는 고민 끝에 자기 지분의 주식을 포기하고 직원들에게 나눠주었어요. 비록 액면가에도 훨씬 못 미치는 주식이었지만 지분을 나눠주자 회사 분위기가 변하기 시작했어요. 이미 빈껍데기나 다름없는 회사였지만 '내가 회사의 주인'이라는 마음으로 직원들이 열정을 보이기 시작한 거예요. 모두가 똘똘 뭉쳐 고통스런 시간을 견디며 각고의 노력을 한 끝에 마침내 수백억 자산을 가진 기업으로 성장했다고 합니다.

욕심을 버림으로써 오히려 얻을 수 있다는 지혜, 이것이 부처님의 가르침입니다.

삼척동자도 알지만
팔십 노인도 행하기 어려운 일

저물녘 산사에는 하루살이 떼가 많이 날아듭니다. 왜 오전에는 보이지 않다가도 해가 넘어가는 저녁 무렵에 부산하게 움직일까요? 왜 그러는지 하루살이에게 물어보고 싶은 마음도 듭니다. 죽을 때가 가까워 오니 마음이 바빠져서, 하루밖에 살지 못하니 뭔가는 하고 가야겠다 싶어서 그런 걸까요?

하루살이가 귀찮게 하면 처음에는 참지만, 자꾸 눈앞에서 맴돌면 없애버리고 싶은 생각이 들어요. 하루살이를 내 생명처럼 귀하게 여긴다면 그러지 못합니다. 나에게는 귀찮은 걸 잠깐 참느냐 마느냐의 문제이지만, 하루살이에게는 생명이 왔다 갔다 하는 일입니다. '나는 하루살이니까 사람에게 죽임을 당해도 돼.' 하루살이가 죽어가면서 이렇게 받아들일까요?

모든 존재는 다 자기 생명에 집착합니다. 나만 그런 게 아니고, 사람만 그런 게 아니에요. 생명은 인간이나 미물이나 똑같이 소중합니다. 하루살이의 입장에서 보면 세상의 주인은 자기이고 인간은 그저 거치적거리는 존재일 뿐이에요. 모든 생명은 존재한다는 그 사실만으로 세상의 주인이 되기에 충분합니다. 이것을 인정해야 해요. 이기심으로 가득 차서 오직 나만 소중하고, 내 것만 소중하고, 나한테 거치적거리는 걸 적대시한다면, 이것은 지옥 같은 인생이에요. 괴로움에서 벗어날 수가 없습니다.

언젠가 여름 휴가철에 고속도로를 이용한 적이 있어요. 평소 세 시간이면 충분한 거리를 길이 하도 막혀서 일곱 시간이나 걸렸다면서 짜증내는 사람이 있었어요.

"웬 사람이 이렇게 많은 거야."

이렇게 짜증내는 그분에게 물어보고 싶었어요.

"그렇게 말하는 당신은 사람이 아닌가요?"

그 사람처럼 우리는 종종 자기는 쏙 빼버리고 생각하는 경우가 많아요. 출근길에도 버스나 전철에 사람이 많아 복잡하고 지체되면 투덜댑니다. 다른 사람들 때문에 불편하다 그러는데, 그들도 나 때문에 불편하기는 마찬가지입니다.

우리는 매사에 자기중심적이고 이기적인 생각에 갇혀서 살아가고 있습니다. 내 이기심에 가려 나도 모르게 수많은 업이 쌓여가고 있음을 알아야 해요. 그래서 부처님께서는 이렇게 말씀하셨어요.

"한 발짝 잘 디디면 복이요, 한 발짝 잘못 디디면 업이 된다."

옛날 중국에 도림선사라는 분이 계셨어요. 하루는 그 지방의 자사로 부임한 백낙천이 도림선사의 명성을 듣고 찾아갔습니다. 당대의 문장가로 유명했던 그는 사람들의 존경을 받는 스님을 시험해보고 싶은 마음이 있었어요.

도림선사는 나뭇가지에 올라 앉아 좌선하기로 유명했는데, 나무 위에 앉아 있는 모습이 떨어질 듯 아슬아슬해 보였어요.

"스님, 너무 위험하니 내려오시오."

백낙천이 소리치자 도림선사가 내려다보며 말했어요.

"내가 보기엔 그대가 더 위험하네."

백낙천은 어이가 없었어요.

"나는 벼슬이 자사에 올라 강산을 진압한 사람이고, 또 이렇게 안전한 땅을 밟고 있는데 무엇이 위험하단 말이오?"

"티끌 같은 지식으로 교만만 늘어 번뇌가 끝이 없고, 탐욕의 불길이 쉬지 않고 타오르니 어찌 위험하지 않은가?"

사실 높은 벼슬에 오른 백낙천이 언제 떨어질까 위험하지, 아무 권력도 없는 스님이 위험할 건 없지요. 스님은 티끌만 한 아만도 없고 욕심도 없기에 편안하지만, 백낙천은 툭하면 시비하고 평가하니 땅이 흔들려 위험한 게 아니라 그 마음이 휘둘려서 위험한 거예요.

그 말을 듣고 느낀 바 있어 백낙천이 물었어요.

"불교의 대의는 무엇입니까?"

"나쁜 일 하지 말고 좋은 일 많이 하시오. 마음을 깨끗이 닦아가는 것, 이것이 불교라오."

대단한 법문을 기대했던 백낙천은 크게 실망했습니다. 너무도 평범한 말이었던 거예요.

"그거야 삼척동자도 다 아는 사실 아니오?"

백낙천이 신통치 않다는 듯 돌아서려는데, 그 뒤통수에 대고 도림선사가 말했습니다.

"삼척동자도 다 아는 사실이지만, 팔십 노인도 행하기는 어려운 일이라오."

그렇습니다. 우리는 누구나 행복하기를 원하지만 마음뿐이고, 실천하지 않기 때문에 번뇌와 괴로움에서 벗어나지 못하고 있어요. 삶이 변화되려면 사소한 일이라도 실천하는 게 중요합니다.

간혹 사람들이 제게 묻습니다.

"조용히 마음공부를 하고 싶은데 수행할 만한 곳을 좀 알려주세요."

수행하는 자리는 따로 정해져 있는 게 아니에요. '처처불상處處佛像

사사불공事事佛供'이라는 말이 있어요. 어디서나 부처님 대하듯 하고, 언제나 불공드리듯 하라는 말입니다.

부처님께서는 '일좌부지경육년一坐不知經六年'을 하셨다고 합니다. 6년을 한순간처럼 앉아서 정진한 끝에 해탈했다는 말이에요. 그 오랜 시간 동안 한자리에 꼼짝 않고 앉아 있었다는 게 아니라 마음이 전혀 흐트러지지 않았다는 뜻이에요. 반드시 깨우치고야 말리라는 대결정심으로 먹는 것, 입는 것 그리고 그 어떤 것에도 흔들리지 않았다는 거예요. 우리도 그래야 합니다. 처음 발심할 때 그 마음 그대로 꾸준히 정진하면 우리도 해탈할 수 있습니다.

무엇이 우리의 행복을 훔쳐갈까요?

어리석은 마음이 행복을 훔치는 도둑이에요.

똑같은 상황에서도 긍정적으로 받아들이느냐,

부정적으로 받아들이느냐에 따라

행복이 될 수도 있고, 재앙이 될 수도 있어요.

마음을 두는 곳이 수행처이고,

일어나는 마음을 잘 살피는 것이 수행입니다.

어리석은 분별심을 버리지 않으면

평생을 돌아다녀도 진리를 볼 수 없습니다.

기적이나 요행을 바라고

여기저기 기웃거릴 필요가 없어요.

멀리서 구하지 말고 앉은 자리에서 찾으세요.

기적을 바라지 말고 원리를 찾으세요.

이것이 불교입니다.

아무리 선업을 많이 지었다고 하더라도

생색내는 마음으로는 진정한 공덕이 될 수 없습니다.

이왕에 좋은 마음으로 선업을 지었다면

내가 했다는 마음, 잘했다는 마음,

이익을 보겠다는 마음을 내지 않을 때 무량한 공덕이 됩니다.

가정은 편안해야 할 공간입니다.

서로의 부족한 부분을 감싸주고 상처를 어루만져줘야 해요.

그러려면 연민의 마음이 필요합니다.

상대가 나를 만나 이익을 보았다고 생각하기보다,

나를 만나 손해를 보았다고 생각하면 상대가 측은하게 보여요.

연민의 마음은 마치 용광로와 같아서

모든 원망과 분노를 녹여버립니다.

3

인연의 장

돌에 관한 명상, 2007

달이 문제일까,
내 마음이 문제일까

휘영청 밝은 달을 보면 어떤 느낌이 드나요? 대개 아름답다고 합니다. 그런데 모든 사람에게 다 아름다울까요? 아니에요. 사람마다 달라요. 청춘남녀가 바라보는 달은 아름답기 그지없습니다. 저 달이 우리를 비추고 있다고, 우리 사랑을 축복해주고 있다고 해요. 그러나 달에게 물어봤나요? 착각이에요. 내 생각이 그럴 뿐인데, 어쨌거나 연인들은 달을 보며 사랑을 맹세해요.

"저 달이 지켜보고 있으니까 우리 절대로 변치 말자."

하지만 인생이 항상 좋을 수만은 없어요. 깨가 쏟아지는 건 몇 년 안 되고 곧 현실적인 문제들과 씨름해야 합니다. 돈도 벌어야 하고, 아이도 키워야 하고, 부모도 봉양해야 하고, 이런저런 일들이 발목을 잡아요. 이게 인생입니다. 사랑하지만 의견 충돌이 일어날 수 있고, 감정이 격해지면 싸울 수도 있어요. 남편은 문을 쾅 닫고 술 마시러 나가고,

아내는 눈물 흘리며 창 밖에 휘영청 떠오른 달을 봅니다. 그때 보이는 달이 예전처럼 아름다울까요?

'그토록 아름답던 달이 오늘은 왜 처량하고 원망스러울까….'

달이 문제일까요, 내가 문제일까요? 바로 내가 문제입니다. 인생의 답은 밖에 있지 않고 내 마음에 있다는 것을 알아야 해요.

결혼은 사랑만을 위한 관계는 아닙니다. 어찌 보면 큰 희생을 담보하는 관계라고 할 수 있어요. 처녀 총각이 만나 사귈 때는 서로에게 별다른 의무가 없지만, 일단 결혼하면 많은 의무가 생깁니다. 그래서 연애하는 기분으로만 살 수는 없어요. 연애 시절에는 좋은 것만 보여줄 수 있지만 결혼은 그렇지 않아요.

이혼하겠다는 사람들 이야기를 들어보면 대개 성격 차이 때문이라고 합니다. 예전에는 어땠는지 물어보면 "그땐 잘해줬어요"라고 해요. 그런데 변했다는 거예요. 사실은 변한 게 아니라 예전에도 그런 면이 있었는데 안 보였던 것입니다.

인생을 살아가면서 항상 좋은 것만 바랄 수는 없어요. 부처님께서는 괴로움의 바다에서 살아가는 인간을 '고해중생苦海衆生'이라 하셨어요. 참고 노력하면서 살아야 하는 세상이지, 천당이나 극락 같은 세상은 아니라는 것입니다. 이 세상에 복 받으러 왔다고 생각하지 마세요. 복 지으러 왔다고 생각하면 모든 걸 받아들일 수 있어요. 결혼도 마찬가지입니다. 복밭에서 땀 흘리며 복을 짓는 거라 생각하세요.

우리는 가까운 사람에게 소홀하기 쉬워요. 진정 중요한 사람은 가족이고, 진짜 중요한 곳은 밖이 아니라 내 가정입니다. 사랑을 아낌없이 표현하세요. 수십 년을 함께 살면서도 쑥스러워서 표현을 못 한다고 하는데, 어색하더라도 자꾸 노력해보세요. 행복을 멀리서 찾으려 하지 마세요. 행복은 언제나 가까운 데 있습니다.

가정을 꾸려나가는 부부간에도 자기 입장만 생각하기 쉽습니다. 하지만 남편의 속성이 어떠한지, 또 아내의 속성이 어떠한지 아는 사람은 갈등을 만들지 않고 원만하게 살아갈 수 있어요.

부부는 계약서를 쓰고 시작하는 업무적인 관계가 아니라 마음이 통해야 하는 관계입니다. 그래서 더 매너가 필요한 관계이기도 해요. 사회생활에서는 상대가 기분 나쁘면 안 보면 돼요. 시장에 물건 사러 갔다가 주인이 불친절하면 다시 안 가면 그만이에요. 그러나 부부 사이는 하루아침에 등을 돌릴 수 있는 관계가 아닙니다. 그래서 더 배려해야 하고, 사랑과 감동이 필요한 거예요.

매스컴에서 '황혼이혼'이라는 말을 듣고 참 씁쓸했어요. 이 얼마나 불행한 일입니까? 황혼이 되면 오히려 더 연민의 마음이 들어야 할 텐데 말이에요. '한평생 우리 가족 먹여 살리느라 얼마나 힘들었을까'라는 마음으로 남편이 애처로워 보이고, '그동안 내 성격 맞추느라 얼마나 힘들었을까'라는 마음으로 아내의 주름살이 안쓰러워 보인다면, 이것이야말로 사랑 중의 사랑이고 행복 중의 행복이에요.

집에서는 이를 갈며 남편을 미워하다가 절에 와서 아무리 복을 빌어본들 효과가 있을까요? 마음에 비수를 품고 있는데 그런 마음으로 어떻게 행복할 수 있겠어요? 하루빨리 어리석은 생각에서 벗어나야 합니다. 뒤늦게 후회하지 말고 미움보다는 연민의 마음으로 가족과 더불어 나 자신을 지켜야 합니다.

자식을 위해 기도하는 엄마도 아름답지만 남편을 위해 기도하는 아내는 또 얼마나 사랑스러울까요? 아내를 위해 기도하는 남편은 또 얼마나 멋집니까? 이렇게 서로를 염려하고 기도해주는 가정은 어떤 고난이 닥쳐와도 잘 헤쳐갈 수 있고, 무슨 일이 있어도 절대로 깨지지 않을 거예요. 황혼에 가서 이혼하자고 하는 비극도 없을 거예요.

남편하고 살면서도 '하고많은 사람 중에 하필이면 재수 없게 당신을 만나 내 인생이 이렇게 됐다'고 원망하면 하루하루 사는 것이 모두 업이 됩니다. 그러나 '옷깃만 스쳐도 오백생의 인연이라는데 하고많은 남자 중에 당신을 만난 것은 분명히 귀한 인연이겠지. 당신이 나를 어떻게 대하든 난 최선을 다해 내조하겠다'라는 마음으로 살아간다면 이것이 공덕입니다.

세상에서 가장 허물없는 사이가 부부라 하지만 그럴수록 예의를 지켜야 해요. 흔히 이런 말을 합니다.

"남편은 하늘이요, 부인은 땅이다."

그러나 땅 없는 하늘, 하늘 없는 땅이 어떻게 존재할 수 있겠어요? 누가 더 소중하고 덜 소중한 것 없이 모두 소중합니다. 부처님께서는 '이것이 있으므로 저것이 있고, 저것이 있으므로 이것이 있다. 이것이 멸하면 저것도 멸하고, 저것이 멸하면 이것도 멸한다'고 하셨어요. 아무리 법문을 잘하는 스님도 들어주는 대중이 없으면 소용이 없어요. 열심히 들어주는 훌륭한 분들이 있어야 훌륭한 법문도 나오는 법입니다.

마찬가지로 남편은 높고 아내는 낮다는 생각은 잘못된 거예요. 아무리 부족한 아내라 하더라도 그 아내가 없으면 이름이 달라져요. 아내가 없으면 홀아비라고 하잖아요. 아내를 하늘같이 받들어주는 남편이라야 위대한 남편이에요. 아내를 괄시하면서 자기는 대접받기를 바랄 수 없는 일이에요. 아내를 하늘같이 받드는 남편은 하늘이 되기에 부족함이 없고, 남편을 훌륭한 사람으로 받들어주는 아내라야 자식들한테 인정받을 수 있어요.

"엄마는 어쩌다 이렇게 살고 있지만, 넌 절대로 아빠 같은 사람 만나지 마."

그러면 아이가 '우리 엄마 불쌍해'라고 생각할까요? 처음엔 엄마를 편드는 것 같지만 아니에요. 아무리 남편이 부족해도 아이들 앞에서는 남편을 높여줘야 해요. 그렇지 않고 틈날 때마다 남편을 흉보고 "아빠

같은 사람 되면 안 돼"라고 하면 그 자식은 커서 남편하고 똑같은 사람
이 됩니다.

부부가 서로를 존중할 때 자식도 바르게 자랄 수 있어요. 그런 가정
에 행복이 있습니다. 부부가 서로를 비난하는 것은 자기 눈을 스스로
찌르는 것과 같고, 누워서 침 뱉는 것과 같아요. 상대를 소중한 존재로
보아야 합니다. 남을 위해서는 선심도 팍팍 쓰면서 정작 내 남편,
내 아내를 위해서는 무엇을 했나요? 남편 건강을 위해서 비타
민이라도 사주고, 아내를 위해서 철분제라도 사주세요. 작은 배
려에 큰 감동이 솟아납니다.

아이들은
상처를 딛고 자랍니다

인류의 역사는 한마디로 말해서 행복을 향한 노력의 역사라고 할 수 있는데, 그 관점은 동서양이 달랐습니다. 서양은 물질의 풍요를 통해서 행복을 추구해왔지만, 동양은 옛날부터 마음을 중시했어요. 물론, 먹고 살려면 물질적인 부분이 중요하지요. 그러나 그것만으로는 부족해요.

우리나라도 지난날 배고픈 삶을 살았기 때문에 물질적 풍요를 목말라 했고, 그래서 역량을 총동원하여 눈부신 경제 성장을 이뤄냈어요. 그 결과, 우리는 과연 더 행복해졌나요? 우울증 환자가 증가하고 이혼율과 자살률이 높아진 사회, 스트레스 강도가 세지고 있는 사회를 행복한 사회라고 하기는 어렵습니다. 그래서 물질 못지않게 마음에 관심을 두게 된 것입니다.

행복의 관점이 달랐듯이 동서양의 종교도 그 의미가 다릅니다. 서양에서는 종교를 신과 인간의 관계로 이해하고, 인간이 도저히 넘볼 수 없는 것은 신의 영역으로 치부해왔어요. 그러나 동양에서 말하는 종교는 신에 대한 절대적 믿음이 아니라 가장 완벽한 삶의 방법, 즉 최고의 진리를 뜻합니다. 그래서 종교라고 할 때 '마루 종宗' 자를 쓰는 것입니다. '산마루'라고 할 때처럼, '최고로 높은' 진리라는 뜻이지요. 이러한 동서양의 종교를 그냥 하나의 단어로 표현하니까 혼란이 생길 수밖에 없어요.

그런데 인간이 알 수 없는 부분을 신의 영역이라고 하면, 과학은 신만이 알 수 있는 영역을 넘보는 것이기 때문에 곧 이단일 수밖에 없습니다. 중세시대에는 그런 이유 때문에 실제로 처형된 과학자도 있었어요. 그래서 서양 종교는 그동안 많은 고민과 변화를 필요로 했어요. 그러나 동양의 종교, 특히 불교는 철저하게 마음의 중요성을 강조합니다. 그리고 신 중심이 아니라 인간 중심, 나아가 모든 존재가 중심이 되는 세계관을 전개합니다.

부처님께서는 이 땅에 태어나셨을 때 일곱 발짝을 걷고 "천상천하 유아독존天上天下 唯我獨尊 삼계개고 아당안지三界皆苦 我當安之"라 선언하셨어요. '하늘과 땅에 오직 나 홀로 존귀하다. 온 세상이 모두 괴로움에 빠져 있으니 내 마땅히 편안케 하리라'는 뜻입니다. 그런데 '천상천하 유아독존'을 마치 '부처님만 홀로 위대하시다'는 뜻으로 엉뚱하게 해석하는 사람이 있어요. 그 참뜻은 모든 존재가 다 존귀하다는 선언이에요. 우리 아이들도 모두 그러한 존재입니다. 부처님같이 존귀한 존재이기 때문에 그러한 성품을 잘 발현할 수 있도록 키우는 것이 우리의 몫이에요. 학교에서나 가정에서나 이런 자세가 매우 중요해요.

세상이 지나칠 정도로 경쟁적이고 이기적이지만, 우리 아이들은 좀 베풀고 나눌 줄 아는 여유로운 심성을 가진 어른으로 자랐으면 좋겠어요. 그래야 본인도 진정으로 행복한 삶을 살아갈 수 있을 것이고, 우리 사회도 더 안전하고 따뜻한 사회가 될 테니까요.

어느 날 바깥세상에 살던 개구리가 실수로 우물에 빠졌습니다. 우물 안에 살던 개구리가 우물 밖 개구리에게 물었어요.

"넌 어디에서 왔니?"

"저 바깥세상에서 왔어."

"그런 세상도 있어?"

"여긴 세상도 아니야. 바깥엔 여기보다 수십만 배나 더 넓은 세상이 있다구."

우물 안 개구리가 그 말을 믿을까요? '세상에 별 미친놈 다 보겠네'라며 혀를 찰지 모릅니다. 우리 아이들을 우물 안 개구리처럼 닫힌 마음으로 살아가게 할 수는 없어요. 드넓은 세상을 향해 활짝 열린 마음으로 자라나게 해야 합니다.

우리의 삶은 운명이나 우연, 또는 어떤 신이 주관하는 것이 아니라 우리가 스스로 만들어가는 것입니다. 그런 만큼 우리의 아이들도 스스로 인생을 책임질 수 있는 인격으로 성장해야 합니다. 요즘 교육이 실패하는 이유는 부모들이 자녀를 너무 과잉보호하기 때문이에요. 스스로 결정하고 책임질 수 있는 기회를 주지 않고 부모가 모든 걸 다 해주려고 해요.

아이가 옷을 거꾸로 입으면 엄마가 먼저 답답해합니다. 정작 아이는 괜찮은데 엄마가 참지 못하고 다시 입히느라 난리예요. 그때는 그냥 내버려둬야 합니다. 아이가 나가서 뛰어놀다가 덥고 답답해서 "엄마, 옷이 이상해"라고 말할 때까지 기다려주세요. 아이가 옷을 잘못 입었다는 걸 자각하게 해주면 다음부터 그런 실수를 반복하지 않을 거예요. 그런데 우리 엄마들은 도저히 기다리지 못해요. 당장 눈에 보이는 모습만 생각해서 매사에 개입하여 통제하기 때문에 아이의 자율성을 해치고 있다는 걸 모릅니다.

아이들은 신발을 신을 때 좌우를 거꾸로 신는 경우가 많습니다. 거꾸로 신는 아이는 만날 거꾸로 신어요. 엄마는 또 참지 못하고 "그렇게 신는 거 아니라니까" 하면서 쥐어박고 얼른 고쳐 신겨요. 아이는 하나도 안 불편한데 엄마가 불편한 거예요. 그렇게 뛰어놀다가 신발 때문에 넘어져보면서 배우고 성장해가는 건데 당장 아이 무릎에 상처 나는 것만 걱정합니다. 무릎에 상처가 나면 약을 발라주면 돼요. 그 과정을 통해서 아이가 '아, 세상은 원리대로 살아야 편안한 거구나' 인식할 수 있도록 기다려주는 엄마가 훌륭한 엄마입니다.

이런 얘기를 하면 꼭 토를 다는 분들이 있어요.

"아이고, 스님이 아이를 안 낳아봐서 그러시지, 낳아보면 그런 말씀 못 하실 거예요."

아이의 미래를 생각한다면 과연 어떤 것이 올바른 태도일까요? 인생은 스스로 결정하고 책임져야 한다는 것을 어려서부터 알게 해야 합니다. 이것이 지혜로운 교육이자 진정한 사랑이에요.

그리고 아이가 남에게 혹은 외부의 상황에 휘둘리지 않고 항상 마음의 무게중심을 잡을 수 있도록 이끌어줘야 합니다. 그래야 자기 인생의 주인으로 살아갈 수 있어요.

부모의 어설픈 사랑이 오히려 자식을 망칩니다. 자식이 손끝 하나 까딱하지 않게 부모가 힘든 일을 대신해주는 건 사랑이 아닙니다.

"우리 아이는 내가 없으면 아무것도 못 해요."

이건 자랑이 아닙니다. 아이가 스스로 할 때까지 기다려주는 부모가 되어야 해요. 하나부터 열까지 해주다 보면 성인이 된 다음에도 부모만 쳐다봅니다. 취직도 시켜줘야 하고, 결혼도 시켜줘야 하고, 살림도 대신해줘야 하고, 손자도 키워줘야 하고, 바라는 게 끝이 없어요. 아이가 자랄수록 집착을 놓아야 합니다. 자식은 자식의 인생으로 탁 놓아주어야 훌륭한 어른으로 성장할 수 있어요.

그리고 부족한 걸 보여줄 줄 아는 부모가 훌륭한 부모입니다. 부족

한 게 있어야 그걸 채우기 위해 노력합니다. 부족한 걸 모르고 자란 아
이들은 뚜렷한 목표의식도 열정도 없습니다. 부족함 속에서 근성이 생
기는 거예요.

부모 마음도
몰라주는 애물단지

저는 어렸을 때 공부도 잘 못하고, 키도 작고, 외모도 별로였어요. 제대로 할 줄 아는 게 거의 없었어요. 칭찬받는 일도 별로 없어서, 늘 학교에서 기죽어 올 때가 많았습니다. 그래서 어머니에게 불평도 많이 했어요.

"키라도 좀 크게 낳아주지 이게 뭐야?"

그러나 어머니는 언제나 용기를 주고 저를 믿어주셨어요.

"너 낳기 전에 태몽을 꿨는데 아주 좋은 꿈이었어. 너는 분명히 잘될 거야. 많은 사람에게 인정받는 사람이 될 거야."

저는 긴가민가하면서도 은근히 희망을 가지고 목표를 정해 도전할 수 있었어요.

이 세상에 효도받기를 바라고 자식을 낳는 부모는 없습니다. 오직 사랑과 희생으로 자식을 낳아 기릅니다. 그래서 자식이 무한히 잘되기를 바라는 게 부모의 마음이에요. 자식을 키울 때 '잘 가르치고 출세시켜 덕을 보겠다'는 마음으로 하면 어리석은 욕심이지만, 그 마음을 살짝 바꿔서 '나와 맺어진 인연이기에 너를 위해 최선을 다하겠다'는 마음으로 뒷바라지하면 수승한 공덕이 됩니다.

부처님께서는 아들이 태어났다는 말을 듣고 탄식하셨다고 해요. 그리고 이름을 '라훌라'라고 지으셨는데, 이것은 장애물이라는 뜻입니다. 우리도 자식을 '애물단지'라고 하는데 왜 그럴까요? 사랑하는 만큼 내 뜻대로 되지 않기 때문이에요. 이웃집 아이가 뭘 잘못한다고 해서 애간장이 녹습니까? 그렇지 않아요. 내 자식이 잘되기를 바라는데 잘될 짓을 안 하니까 애간장이 녹는 거예요.

자식은 이렇게 부모를 항상 긴장시키는 존재입니다. 일전에 법회에서 "자식이 뭐예요"라고 물었더니 노보살님 한 분이 바로 대답을 하시더군요. 애물단지라고요. 그분의 자녀들은 다 성공해서 누가 봐도 문제될 게 없는데, 부모의 눈에는 여전히 애물단지인 거예요. 자식들이 잘되기를 바라는 마음, 걱정되는 마음에 애물단지로 보이는 거예요. 부모의 사랑은 그런 것입니다. 그런데 일체중생을 사랑하시는 부처님의 마음은 부모의 마음 그 이상입니다.

부처님께서는 일체중생에게 크나큰 가르침을 베풀기 위해 이 세상에 오신 분이에요. 그 가르침이 무엇일까요? 바로 중생의 허물을 벗게 해주는 가르침입니다. 우리는 착각 속에 머물러 있어요. 그러다 보니 중생의 허물을 벗으려는 의지가 없습니다. 괴로워하면서도 그 괴로움이 뭔지 모르고 있어요. 지금 당장의 고통에서 벗어나려는 의지는 있지만 고통에서 영원히 벗어나려는 의지가 없어요. 고통에서 영원히 벗어난다는 건 곧 윤회의 사슬에서 벗어나는 것을 말합니다. 괴로움의 뿌리를 제거하고 완전한 자유를 성취하는 것입니다.

중생은 자기가 지은 업에 따라서 지옥, 아귀, 축생, 아수라, 인간 그리고 천상까지 모두 여섯 갈래로 윤회한다고 합니다. 어떤 사람은 지옥이나 면하면 성공이라 하고, 또 어떤 사람은 다음 생에는 꼭 여자로 태어나고 싶다고 해요. 세상이 참 많이 변했어요. 예전엔 주로 남자로 태어나는 걸 원했는데 이제는 여자로 태어나길 바라는 사람이 많아지고 있어요. 왜 그럴까요? 요즘은 남자가 피곤한 세상입니다. 옛날에는 힘으로 먹고 사는 농경사회라서 남자가 여자보다 여건이 우월했던 게 사실이에요. 그래서 남존여비라는 말도 있었어요. 그러나 시대가 변하면서 이제 여자들에게 유리한 환경이 조성되기 시작했어요.

옛날에는 여자들이 오로지 남편만 바라보며 살았고 이혼이란 건 감히 생각도 못 했어요. 그런데 요즘엔 남자들이 부인 눈치를 보며 살아야 하는 시대라고 해요. 여성의 사회 진출이 크게 늘면서 여자 혼자서도 얼마든지 살아갈 수 있는 세상이 된 덕분이지요. 우리나라 이혼율이 높아진 것도 이런 영향이 큰 탓이라 생각됩니다. 그러나 가정의 붕

괴는 진지하게 생각해볼 필요가 있어요.

성급하게 이혼을 생각하지 말고 좀 더 신중하게 숙고했으면 좋겠어요. 어찌 보면 요즘 남자들은 혼돈에 빠져 있어요. 말 한 마디면 먹히던 가부장적인 남편, 권위적인 아버지의 모습에 익숙한 남자들이 빠르게 변화하는 세상에 미처 적응하지 못하고 있는 거예요.

부부가 감정을 자제하지 못하고 갈등이 증폭되어 가정이 무너지면, 그 고통이 고스란히 자식들에게 전가되고 결국 내 아픔으로 돌아올 수밖에 없어요. 지금 당장 편하자고 미래의 괴로움을 만들지 말아야 합니다. 꼭 죽은 다음에야 육도를 윤회하는 게 아니라 이미 살아가면서 윤회를 경험하고 있어요. 같은 세상을 살면서도 지옥처럼 사는 사람이 있는가 하면, 극락처럼 사는 사람도 있어요.

어떻게 살아야 내 가정을 지옥이 아닌 극락으로 만들 수 있을까요? 아무리 어려운 상황이라도 남을 탓하지 않는 사람이 있어요. 상대의 고통을 나의 고통처럼 이해하고 위로할 줄 아는 사람이 있어요. 이렇게 지혜로운 부부가 극락 같은 가정을 만듭니다.

중생은 오직 자기를 중심으로 생각할 뿐이지 남과 더불어 행복해야 한다는 생각을 하지 않습니다. 부처님께서는 '동체대비同體大悲'를 말씀하셨어요. 이것은 사람은 물론 저 미물에 이르기까지 모든 생명을 한 몸으로 이해하는 위대한 자비심이에요. '나'라는 경계를 벗어나 모든 생명의 평화와 행복을 가능케 하는 가르침입니다.

여러분은 무엇을 위해 살고 있나요? 살아보면 돈보다 소중한 것이 많습니다. 가족의 행복이야말로 소중한 것이고, 그중 가장 큰 비중을 차지하는 것은 역시 자식이에요. 아이가 바르게 커서 행복할 수만 있다면 어떠한 희생도 감당할 준비가 되어 있는 게 부모 마음이잖아요. 이것이 부처님의 마음이고, 보살의 마음이에요. 부부가 이런 마음으로 화합하고 사랑할 때 아이도 행복을 느끼며 자랍니다.

—

부모를 보면 자녀를 어떻게 기르는지 대략 알 수 있어요.

요즘 보면 아이를 양육하는 게 아니라

사육하는 것처럼 기르는 부모도 있어요.

물질적인 지원을 아끼지 않으며 부모가 정해준 스케줄대로

따를 것을 강요하면 그것은 양육이라고 할 수 없어요.

좋은 부모란 아이에게 희망을 심어주는 부모,

인생의 롤모델을 제시해주는 부모입니다.

—

아이와의 관계에서도 존중과 소통이 중요합니다.

아이의 눈높이에 맞춰서, 눈동자를 보면서,

진심을 담아 말해보세요.

이것이 진정한 대화입니다.

엄마가 조급한 마음으로 약간의 실수도 용납하지 않는다면
아이들은 인생을 어떻게 꾸려가야 할지 고민하지 않아요.
엄마가 다 해줄 거라는 생각에 사사건건 의지하려고만 합니다.
그래서는 서로 피곤할 뿐이에요.

'나는 사랑하는 아이의 잠재의식에 무엇을 심어주고 있나?'
깊이 생각해보세요.
자녀가 어릴 때 부모의 역할은
아무리 강조해도 지나치지 않습니다.
"애가 뭘 알아?"
그렇게 넘어갈 문제가 아닙니다.
아이는 보이는 그대로, 부모의 인격을 복사합니다.

돌에 관한 명상, 2004

좋은 사람을 만나려거든
내가 먼저 좋은 사람이 되어야 합니다.
착한 며느리를 보려거든
내가 먼저 좋은 시어머니가 되어야 하고,
자식이 올바르기를 바라거든
내가 먼저 부모님께 지극정성으로
효도를 다해야 합니다.
내가 먼저 이해해주고, 다독여주고,
껴안아주는 마음이 곧 보살의 마음입니다.

부모의 마음,
보살의 마음

아이를 키울 때 정말 조심해야 할 것이 하나 있습니다. 부부간의 갈등을 아이에게 보여주면 안 된다는 거예요.

"아이고 스님, 누군 보여주고 싶어 보여주나요? 속이 뒤집어지니까 그렇지요."

이렇게 말씀하시면 할 말은 없어요. 그러나 부모가 다투는 모습은 아이에게 엄청난 충격을 안겨줍니다. 평생 씻을 수 없는 상처로 남습니다. 차라리 한 대 얻어맞는 것보다 더 큰 불안에 떨어요.

기억을 떠올려보세요. 어렸을 때 부모님이 싸우는 모습을 보고 마음이 편안하던가요? 가슴이 두근두근 뛰는 것이 마치 세상이 무너지는 것처럼 무서워요. 그 불안함은 잠깐 머물다 사라지는 것이 아니에요. 여린 마음에 상처가 되고 잠재의식에 남아 인격적으로 큰 문제가 될 수도 있어요. 그러니까 아무리 화나는 일이 있어도 아이 앞에서는 절대

다투지 말아야 합니다.

부부간에 갈등이 생기면 누가 더 많이 참을까요? 아내가 더 많이 참습니다. 착해서 그럴까요? 사실 마음의 영역에서는 여자가 훨씬 더 넓은 마음을 가졌어요. 큰 그릇이 작은 그릇을 포용하는 것입니다. 이왕 넓은 마음으로 시작했으니까 끝까지 넓은 마음을 가지세요. 내가 좁기 때문에 참는 게 아니라 넓기 때문에 참는 거예요. 가정을 위해서, 아이를 위해서 참는 것입니다.

저의 부모님도 갈등이 전혀 없었던 것은 아닌데 항상 어머니가 먼저 말씀하셨어요.

"내가 잘못했어요."

남편에게 이런 말을 할 때에는 표정 관리를 잘 해야 합니다. 말로는 잘못했다고 하면서 표정은 그게 아닌 경우가 많거든요. 어쨌거나 아내가 그렇게 나오면 남편도 성질은 나지만 방법이 없어요. 잘못했다는데 어쩌겠어요? 성질이 누그러질 수밖에 없지요. 저의 아버지도 마찬가지였는데, 잠시 후 어머니가 눈물을 흘리면서 조곤조곤 말씀하셨어요.

"나도 잘못이 있지만 당신도 잘못한 게 있어요."

그러면 아버지는 백기를 들 수밖에 없었어요. 생각해보면 참 지혜로우셨어요. 우리 부모님 세대는 많이 배우지 않았지만 그렇게 대화하고 서로 이해하며 사셨어요.

오늘날 우리가 많이 안다고 하지만 그것은 학교에서 배운 지식일 뿐이고 인생의 지혜는 아닙니다. 부모님의 인생에서 배울 것은 배워야 해요. 무슨 일이 있어도 자식 보는 앞에서는 싸우지 말고 누군가는 져주어야 합니다. 약해서 지는 게 아니라 지혜로운 거예요. 부모가 큰소리를 내지 않을 때 가정이 평화롭고, 가정이 평화로우면 아이가 주눅 들지 않고 당당하게 자랍니다.

엄마 아빠가 심하게 싸우며 이혼을 하느니 마느니 하는데 아이가 학교에 가서 기분이 좋겠어요? 신경이 날카로워져서 누가 조금만 건드려도 폭발하고 싶은 충동을 느껴요. 아이들의 폭력성이 저절로 생겨나는 게 아니에요. 그러니까 참아야 합니다. 소중한 내 아이를 위해서 참아야 해요. 이렇게 아이를 생각하는 마음이면 서로 합의점을 쉽게 찾을 수 있습니다.

제가 어렸을 때 동네에 술을 아주 좋아하는 아저씨가 있었어요. 술을 마시면 조용히 자는 사람도 있는데 그분은 안 그랬어요. 밖에서 일이 잘 안 풀리면 술을 마시고 와서 부인한테 화풀이를 했어요. 살림살이를 부수고 부인에게 손찌검까지 할 정도였지요. 그럴 때마다 아주머니는 저희 집으로 피신하곤 하셨어요. 그 집에 저보다 몇 살 많은 선배가 있었는데, 항상 입술을 깨물면서 다짐하는 게 있었어요.

"난 이다음에 어른이 돼도 절대 술을 먹지 않을 거야. 무슨 일이 있어도 말이야."

그 선배는 어려운 환경에서 초등학교만 졸업하고 서울로 갔어요. 목욕탕에서 정말 성실하게 일해서 여관을 하나 샀고, 결혼해서 잘 산다는 소문이 들렸어요. 그러나 인생이 항상 잘 풀릴 수만은 없지요. 큰 어려움이 닥쳐서 몹시 힘든 상황이 되니까 선배는 아버지가 하던 대로 술을 먹기 시작했고, 취하기만 하면 부인을 때렸다고 해요. 그러다가 얼마 전에 알코올중독으로 사망했다는 소식을 들었어요. 업의 대물림이 이렇게 무섭습니다. 그 과보가 금방 나타나는 게 아니에요.

교육은 학교가 아닌 가정에서 먼저 시작돼야 합니다. 아이를 학교에만 맡겨놓지 말고 수시로 선생님과 상담하면서 아이가 어떻게 생활하고 있는지 부모가 잘 알아야 합니다. 그 과정에서 칭찬할 일이 있으면 기회를 놓치지 말고 칭찬해주세요. 아이의 자신감을 키워주고 동기부여도 될 수 있어요.

또 아이의 일상에 대해 부부가 정보를 공유해야 합니다. 아이에게는 엄마의 사랑만 필요한 것도 아니고 아빠의 사랑만 필요한 것도 아니에요. 엄마 아빠 둘 다 깊은 사랑을 듬뿍 표현해줘야 해요.

"만날 밤늦게 들어오는 남편하고 어떻게 그런 소소한 이야기까지 해요?"

물론 매일 할 수는 없겠지요. 그럴 때는 간단하게 메모를 해놓고 시간 날 때 이야기하면 됩니다. 칭찬은 아이가 보는 앞에서 하는 것보다 간접적으로 해보세요. 아이가 선잠을 잘 때나 아이의 방문이 열려 있을 때, 아이를 자랑스러워하는 마음으로 부부가 대화를 나눠보세요. 자기를 항상 믿어주는 부모의 모습에 아이는 기분이 좋아집니다.

특히 무언가 고쳐야 할 점이 있을 때 이런 방법이 좋습니다.

"넌 도대체 왜 게임만 하니? 그래가지고 뭐가 될래?"

이렇게 대놓고 윽박지르면 오히려 반감만 살 수 있어요. 그럴 경우에는 아이가 간접적으로 들을 수 있는 상황에서 부부가 이런 이야기를 나눠보세요.

"우리 애 참 잘하고 있죠? 선생님도 잘한다고 그러시는데 한 가지 걱정이 있어요. 요즘 게임을 너무 많이 하는 것 같아요. 게임이 앞으로 전혀 도움이 안 될 텐데 어떻게 하죠?"

이런 말을 은근슬쩍 듣게 되면 아이도 스스로 깨닫고 받아들일 거예요. 그래서 직접적인 대화도 중요하지만 경우에 따라서는 간접적인 방법이 더 효과적일 수 있어요.

또 하나 중요한 점은, 아이의 행위에 대한 상벌이 분명해야 한다는 것입니다. 이게 잘 안 되는 부모가 의외로 많아요. 엄마의 기분에 따라서, 또는 아빠의 기분에 따라서 그 기준이 왔다 갔다 하는 거예요. 예를 들어, 아이가 막 뛰어놀다가 컵을 차서 물을 엎질렀을 때 어떤 반응을 보이나요? 부모가 기분이 좋을 땐 괜찮아요.

"어린애가 그럴 수도 있지 뭐."

그런데 부부싸움을 하고 열 받아 죽겠는데 아이가 물을 엎지르면 난리가 나요. 미운 남편을 닮아 더 미워 보이는 겁니다. 어제까지는 괜찮았는데 오늘 그렇게 야단을 맞는다면 아이는 헷갈리기 시작해요. 이러면 교육의 효과가 사라진다는 것을 알아야 합니다.

한번은 음식점에 갔는데 아이들이 식탁 사이로 막 정신없이 뛰어다니는 거예요. 손님들은 눈살을 찌푸리는데 엄마는 신경도 안 써요. 그것은 아이의 기를 살려주는 것도 아니고 사랑도 아니에요. 분명히 잘못된 행동이라는 것을 가르쳐줘야 합니다. "그러면 안 돼!"라고 따끔하게 야단을 치고, 그래서 아이가 잘못했다는 것을 깨닫고 반성하면 안아줘야 해요. 그런데 내 아이가 무조건 귀하다는 생각에 천방지축으로 키우는 부모가 너무 많아요.

식당에서 뛰어다니는 아이를 불러 제가 웃으면서 조용히 타일렀어요.

"애야, 식당에선 그렇게 뛰어다니는 거 아니란다."

그러면 부모도 아이를 타일러야 하는데 오히려 저를 아주 못마땅한 눈초리로 쳐다보는 거예요. 그 부모와 눈을 맞추는 게 민망해서 제가 먼저 시선을 피했어요.

잘못한 건 단호하게 잘못이라 말해주고, 아닌 건 끝까지 아니라고 알려주어야 합니다. 잘한 것은 잘했다 칭찬해주고, 상을 줄 때는 '너는 이

러이러한 일을 했으니까 상 받을 자격이 있어'라고 말해주세요. 상벌을
분명하게 하고 일관성 있는 모습을 보여줘야 아이의 인격이 바르게 형
성될 수 있습니다.

먼저 건네는
따뜻한 말 한마디

부모님의 은혜를 갚으려면 결혼해서 자식을 낳아 길러보는 게 좋습니다. 우리가 이만큼 살 수 있는 게 다 누구 덕분일까요? 부모님의 희생이 없었다면 지금의 나도 없을 거예요. 자식을 낳아 기르는 것이야말로 세상에서 가장 큰 공덕을 짓는 일입니다.

그런데 과연 부모님의 은혜를 갚을 수나 있을까요? 어림도 없어요. 아무리 잘한다 해도 그 은혜의 백분의 일도 갚을 수 없어요. 왜 그럴까요? 부모가 자식을 사랑하는 마음은 한량없기 때문이에요.

세상에서 가장 진실한 기도는 어머니가 나를 위해 하는 기도입니다. 이보다 더 진실한 기도는 없어요. 기도의 대상이 부처님이든 하느님이든 그것은 중요하지 않아요. 그 진실성과 간절함은 무엇과도 견줄 수 없습니다.

부모는 언제나 자식 걱정인데 자식은 그 마음을 모릅니다. 특히 출세한 자식은 자기가 잘나서 성공한 줄 알지, 부모님 덕분이라고 생각하지 않습니다. 물론 본인이 열심히 노력한 것도 있겠지만 뒷바라지해 준 부모님의 마음을 모릅니다. 부모님의 은혜를 외면하면 나중에 내 자식도 그럴 거예요. 자식은 부모의 행동을 보고 그대로 배우니까요. 부모님은 나를 위해 그토록 헌신했는데 나는 한 번이라도 부모님을 걱정하며 눈물 흘려본 적이 있는지 한번 돌아보세요.

이기적인 삶은 괴로움을 불러오는 지옥의 삶이고, 상대를 배려하는 삶은 행복을 불러오는 극락의 삶입니다. 이렇게 지옥과 극락이 내 마음에서 갈라집니다. 어떤 게 진정 나에게 이익인지 잘 생각해보세요. 우선은 움켜쥐는 게 이익인 것 같지만 아니에요. 착각입니다. 마음이 편하지 않아요. 상대방을 위해 땀 흘리고 더불어 함께하는 삶을 살아갈 때 진정한 이익이 있어요. 그런 변화는 먼 데서가 아니라 가까운 데서부터, 내 가정에서부터 시작되어야 해요. 자기 부모도 제대로 섬기지 못하는 사람이 어떻게 이웃을 위하고 나라를 위할 수 있겠어요. 그래서 기본은 가정이고, 효도인 것입니다.

효도를 하고 싶어도 효도가 너무 어렵다는 분들이 있어요. 어렵게 생각하지 마세요. 부처님께서는 행복하게 살아가는 지혜로써 보시를 말씀하시면서, 꼭 물질적으로 베푸는 것만 보시가 아니라고 하셨어요. 부드러운 눈길로 바라보는 것, 환한 표정으로 대해주는 것, 말하지 않아도 배려해주는 것, 몸을 움직여 도와주는 것, 다정하게 말하는 것도 훌륭한 보시라고 하셨어요. 효도도 마찬가지에요.

좋은 음식과 비싼 옷을 사드리고 해외여행을 보내드려야만 효도가 아니라 부모님을 모시고 살면 그 자체가 효도예요. 사정이 여의치 않아 함께 살지 못하면 그것도 괜찮아요. 중요한 것은 마음입니다. 직접 얼굴을 뵙고 손이라도 잡아드리면 아주 좋아하시겠지만, 그게 안 되면 전화라도 드리세요. 길게 말할 필요도 없습니다.

"별일 없으세요?"

이 한마디만 해도 부모님은 좋아하실 거예요.

물질적으로 좀 부족하더라도 부모님의 존재를 인정해드리는 것만으로도 행복해하는 게 부모 마음이에요. 나이 들어도 자존심은 그대로인데 늙었다는 이유만으로 부모님의 자존심을 확 꺾어버리는 자식들이 있어요. 참 가슴 아픈 일입니다. 어르신들 말씀을 들어보면, 나이가 들수록 외로움을 더 느낀다고 해요. 남에게 하기 어려운 말도 부처님께는 잘 하는 사람들이 많은데, 그런 이야기를 부모님께도 해보세요.

이 세상에서 나를 가장 걱정해주는 사람이 있다면 그분은 부모님입니다. 부모님은 당신 자신이 아니라 오직 자식들을 위해서 기도합니다. 절에서 불공 접수를 받아보면 노보살님들은 축원지를 석 장, 넉 장을 씁니다. 도시에 나가 사는 큰아들, 작은아들, 시집간 딸, 고3 손녀딸, 외손자까지 모두 챙기다 보니 여러 장을 쓰게 되는 거예요. 그런데 젊은 분들은 딱 자기 가족만 챙깁니다. 부모님을 생각하며 축원지를 쓰는 모습을 별로 보지 못했어요. 아들딸이 각자 부모님을 위해 축원지를 써서 부모님 이름이 여러 번 중복되어 올라와야 하는데도 거꾸로 된 거예요. 여러 자식이 한 부모를 걱정하는 게 아니라 한 부모가 여러 자식을 걱정하는 것입니다.

부처님을 믿기 이전에 부모님께 잘하고, 진리를 논하기 이전에 효를 실천하세요. 부모님과 함께 산다면 출퇴근할 때 인사라도 잘하고, 떨어져 산다면 전화라도 자주 드리는 것이 부모님은 물론 나도 행복해지는 길입니다.

누구나 행복을 원하는데 어떻게 살아야 행복할 수 있을까요? 부처님께서는 이렇게 말씀하십니다. 어린아이가 눈깔사탕에 매달리듯 탐욕에 휘둘리지 말고, 마음을 청정히 하여 바른 생활을 하고, 베풀고 나누면서 살아가면 이생도 행복하고 내생도 행복할 것이라고요.

부처님께서는 부모님에게 보은하는 것, 즉 효도를 복밭이라고 하셨어요. 여러 경전에 효도와 관련한 말씀이 있고, 부모님의 은혜에 보답할 것을 가르친 《부모은중경》이라는 경전도 있습니다. 효도는 복의 씨앗을 심으면 무량대복이 열리는 복밭입니다. 그것은 곧 진리로 나아가는 공덕의 토대이기도 합니다. 복덕과 공덕이 함께 어우러질 때 진정한 행복의 길이 활짝 열리는 것입니다.

진실로 크게 한 걸음 나아가려면 자꾸만 치성해지는 욕심을 내려놓고 기본으로 돌아가야 합니다. 인간이 인간의 단계를 넘어서려면 먼저 인간다워야 해요. 인간의 기본 덕목, 그것을 저는 효孝라고 생각합니다.

이 세상에서 가장 완벽한 사랑을 베푸는 사람이 누구일까요? 바로 부모님입니다. 가장 진실한 사랑은 부모가 자식에게 주는 사랑이에요. 그 진실한 사랑을 이해하지 못하는 자식이라면 인간으로서 자격이 부족합니다.

부처님을 공경하면서도 제 부모를 우습게 안다면, 그런 사람은 부처님을 믿을 자격이 없어요. 그런 사람이 어떻게 진실한 마음을 낼 수 있겠어요? 부모도 제대로 모시지 못하면서 절에 다니는 사람은 자기 욕심으로 오는 것이지 결코 진리를 위해서 오는 게 아니에요. 부처님께서도 기뻐하지 않으실 것입니다. 그래서 예부터 효를 일컬어 백 가지 행行의 근본이라고 하는 거예요.

언젠가 뉴스를 보니 결혼한 지 3년쯤 되는 사람들은 대부분 결혼생활에 만족한다고 응답했는데, 10년쯤 되는 부부들은 정반대로 불만족스럽다는 반응이었어요. 이것은 무엇을 의미할까요? 사랑으로 맺어진 부부 사이조차 서로 주고받는 상대적인 사랑을 하고 있다는 거예요. 그러나 이것저것 재지 않고 그저 베풀기만 하는 사랑이 있으니, 바로 자식에 대한 부모님의 사랑입니다. 돌아가시는 그 순간까지도 자식 걱정에 마음 졸이는 분이 부모님이에요. 그야말로 희생과 헌신, 그 자체입니다.

부모님의 사랑도 깨닫지 못하면서 무슨 진리를 이야기할 것이며, 무슨 복덕을 바라겠어요? 그래서 먼저 기본으로 돌아가라는 거예요. 인간이 인간다울 때 그 이상의 진리를 얻을 수 있어요. 복을 받고 싶다면 효도하세요. 부처님께 공양하는 것도 중요하지만, 먼저 부모님 봉양부터 잘해야 합니다.

부족함은 감싸주고
상처는 어루만져주고

어떤 분이 저에게 하소연을 하셨어요. 아들 부부가 어찌나 싸우는지 괴롭다는 거예요. 결혼하고 처음에는 아들 혼자 벌다가 살림이 팍팍해지자 며느리도 직장에 다니기 시작했는데 그때부터 문제가 생겼다고 해요. 요즘엔 맞벌이하는 가정이 많은데, 이런 경우 부부가 서로 어떤 마음을 가져야 할까요?

일단 남편은 아내에게 고맙다는 마음을 가져야 하고 밖에서 일하는 아내를 믿어야 해요. 그리고 아내는 일을 한다고 큰소리치기 이전에, 남편에게 믿음을 줄 수 있도록 최선을 다해야 합니다. 이것이 가정을 잘 꾸려나가는 길인데 그 집은 그렇지 못했어요.

남편은 직장에 나가는 아내를 의심했어요. 혹시 밖에서 딴짓을 하지 않나 불안해했고, 아내는 또 아내대로 남편에게 불만을 가지고 있었어요.

"당신이 잘 벌어오면 내가 일을 안 해도 되잖아. 내가 좀 늦게 들어오거나 집안일에 소홀해도 이해를 해야지.”

그러면서 서로 부딪치는 거예요. 사실 생각해보면 아주 간단한 문제일 수 있어요. 상대방에게 측은한 마음을 내면 서로에 대한 믿음을 회복할 수 있습니다.

불자가 지녀야 할 네 가지 마음가짐을 가리켜 ‘사무량심四無量心’이라고 합니다. 이것을 가정에 적용하면 사랑이 넘치는 행복한 가정을 만들 수 있습니다.

첫 번째는 ‘자무량심慈無量心’입니다. 이 세상 모든 존재를 사랑하는 마음으로 보되, 그 마음을 무량하게 내라는 거예요. 사랑하는 마음은 어떤 마음일까요? 남녀가 서로를 못 견디게 보고 싶어 하는 마음일까요? 그것만이 사랑은 아니에요. 사랑은 베푸는 마음, 배려하는 마음입니다. 이유 없이 자식이 예쁘고 소중한 어머니의 마음, 이것이 사랑하는 마음이에요. 부부간에도 그런 마음을 가지고 살면 아무 문제가 없습니다. 이것이 자무량심입니다.

두 번째는 ‘비무량심悲無量心’입니다. 이 세상 모든 존재를 측은하게 보라는 뜻이에요. ‘하고많은 부모 중에 내 자식으로 태어나 얼마나 힘이 드니’, ‘능력 있는 남자 다 내버려두고 나 같은 남자 만나서 당신이 고생을 하는구려’, ‘하고많은 여자 중에 나 같은 여자 만나 속상하지.’ 부모 자식 간에 그리고 부부간에 서로를 이런 마음으로 바라본다면 상대방이 얼마나 애처로워 보이겠어요? 상대가 좀 못마땅하고 문제가 있더라도 연민의 마음을 낸다면 가정이 깨지는 일은 없을 것입니다.

세 번째는 '희무량심喜無量心'입니다. 지금 내가 처한 현실을 기쁘게 보라는 뜻이에요. 그러니까 앞으로는 무슨 일이 있어도 '죽겠다'는 말은 절대로 하지 마세요. 인상 쓰고 앉아서 '죽겠다, 죽겠다' 해봤자 나만 손해입니다. 사람 심리가 참으로 묘해서 이웃에게 우리 집은 잘된다고 해야 돈이라도 꿔주지, 죽을 지경이라고 하면 돈도 잘 안 꿔줍니다. 집에서 매일 싸우는 소리만 나고 죽겠다는 소리가 담장을 넘어가면 다가오던 운도 도로 나가버립니다.

행복하길 바란다면 항상 긍정적인 마음으로 현실을 기쁘게 받아들여야 해요. 피할 수 없는 상황이라면 즐기라는 말도 있잖아요. 그리고 웃으세요. 웃으면 복이 온다고 하잖아요. 기뻐하는 마음을 내되 한량없이 내라는 가르침이 희무량심입니다.

네 번째는 '사무량심捨無量心'입니다. 무엇이든 움켜쥐려고만 하지 말고 놓아주라는 뜻이에요. 집착하지 않고 놓아버림으로써 우리는 고통에서 벗어날 수 있어요. 사람들은 재물과 명예, 사랑, 권력 등 좋아 보이는 것은 다 움켜쥐려고 합니다. 자식도 때가 되면 놔줘야 하는데 그렇지 못한 경우가 많습니다. 인생의 괴로움을 가만히 보면, 이렇게 놔줘야 할 것을 제때 놔주지 못해서 생기는 경우가 많아요.

가정은 구성원 모두가 편안해야 할 공간입니다. 서로의 부족한 부분을 감싸주고 상처를 어루만져줘야 해요. 그러려면 연민의 마음이 필요합니다. 상대가 나를 만나 이익을 보았다고 생각하기보다, 나를 만나 손해를 보았다고 생각하면 상대가 측은하게 보여요. 연민의 마음은 마치 용광로 같아서 모든 원망과 분노를 녹여버립니다.

자기 인연에 최선을 다하세요. 아내는 아내로서, 남편은 남편으로서 최선을 다해야 하고, 며느리는 며느리로서, 시어머니는 시어머니로서 최선을 다해야 합니다. 며느리를 딸같이 대해주는 시어머니가 좋은 시어머니라고 하지만 사실은 딸같이 대하면 안 돼요. 그 이상으로 잘해 줘야 합니다. 그리고 시어머니를 친정엄마처럼 대하는 며느리가 착한 며느리라고 하지만 아니에요. 친정엄마처럼 애틋한 마음으로 대하라는 것일 뿐이고, 사실은 그 이상의 마음이 필요해요. 시어머니는 분명히 친정엄마하고는 달라요. 친정엄마라면 모처럼 집에 오셨을 때 따뜻한 밥을 해드리지 않아도 이해를 하십니다.

"엄마, 점심때 일이 있어서 나갔다 오느라 시간이 없었네. 그냥 있는 밥 볶아서 먹을까?"

그래도 괜찮아요. 왜 더운밥 안 해주냐고 섭섭해하거나 노여워하지 않습니다. 그런데 시어머니는 어떨까요? 그랬다간 큰일 납니다. 친정엄마 이상으로 공경해야 합니다.

결혼생활은 무언의 약속이라는 걸 잊지 말고 지킬 것은 지켜가며 자기 역할에 성실해야 합니다. 마치 머리에 유리그릇을 이고 사는 것과 같은 마음으로 살아보세요. 이것이 궁극적으로 가정의 행복을 지키고 나 자신을 위하는 길이에요.

돌에 관한 명상, 2004

누군가를 미워해본 사람은 압니다.
그것이 얼마나 많은 시간과 감정을 소진시키는지,
그리고 결국에는 누구에게 해가 되는지 말입니다.
우울해하고 원망하고 화내는 시간들이
따지고 보면 아깝기 그지없는 시간들입니다.
슬퍼하고 미워한대서 뾰족하게 해결되는 것도 아닙니다.
시간 버리고, 마음 상하고,
관계는 더욱 나빠질 뿐입니다.
그러므로 마음을 비우라는 것입니다.
마음을 비워야 부처님 마음이 자라날
공간이 생기는 법입니다.

사람은 나이 들어갈수록 외로움을 많이 느낀다고 합니다.

미우나 고우나, 그래도 끝까지

내 곁에 남는 사람은 남편이고 부인이에요.

서로 의지하고 아껴주는 마음이 큰 힘이 됩니다.

결혼기념일을 챙기지 않는다고

사랑이 식었니 어쩌니 하면서 다투는 가정이 있어요.

꼭 그렇게까지 해야 할까요?

결혼 전 연애하던 마음 그대로이길 바라는 건 욕심이에요.

세월이 흐르면 그에 따라 마음도 변한다는 걸 알아야 해요.

남편만 그런 게 아니라 아내도 그렇고,

인생이라는 게 원래 그래야 정상인 거예요.

예전에 제가 모시던 큰스님께서 사람들에게 말씀하셨어요.

"결혼은 편하려고 하는 게 아니다."

그러나 대부분 결혼해서 편하게 살아보려는 마음이니까

배우자를 선택할 때 사람보다 조건을 먼저 보고,

그렇게 살다가 기대만큼 안 되면 실망하고 미워하는 것입니다.

자식이 속을 썩이거든 자식에게 절을 해보세요.

남편이 술을 마시고 속을 썩이거든 남편에게 절을 해보세요.

아내가 하는 일마다 못마땅하거든 아내에게 절을 해보세요.

앞에서 절하기가 쑥스러우면 안 보는 데서라도 해보세요.

어느 순간 놀라운 변화를 경험할 수 있을 거예요.

가정에 아무리 힘든 일이 있더라도 아이에게는

근심스러운 표정을 보여주지 않는 것이 좋습니다.

부모가 하늘이 무너진 것 같은 표정을 지으면,

아이는 벌써 지옥 같은 두려움에 빠져들어요.

부모가 항상 온화한 미소를 잃지 않을 때

아이의 심성이 안정되고,

장차 자존감 있는 어른으로 성장해갈 수 있습니다.

자식에게 효도를 바라지 말고

늙으신 부모님을 지극한 마음으로 대할 때

내 자식도 바르게 자랄 수 있어요.

자식에게 하는 것의 백분의 일만 해도

효자 소리를 듣습니다.

자식들이 툭하면 하는 소리가

"어머니는 신경 쓰지 마세요"라는 말입니다.

부모를 배려하는 것처럼 들리지만

정작 부모 속을 모르는 소리예요.

신경이 쓰이는데 어떻게 신경을 쓰지 말라는 건가요?

완전한 대책이나 결과를 보고하라는 게 아니라

그저 소소한 일상사만 말씀드려도

부모님은 고마워하고 행복해합니다.

부모님이 생존해 계신다면

이 세상의 절반을 가진 것이고,

부모님을 잃는다면

세상의 절반을 잃는 것과 같습니다.

비록 병석에 누워 계시더라도

세상의 절반을 가졌으니 얼마나 감사한 일인가요?

인생은 긍정적인 사람의 것입니다.

이 세상 모든 사람은 다 자기 나름대로 인연이 있어요.

그 인연을 잘 알아서 가면 행복합니다.

그런데 엉뚱한 걸 붙잡고 '이게 내 것이다' 하면 인생이 피곤해져요.

기도를 열심히 하면 그 인연을 알 수 있습니다.

없는 걸 만드는 게 아니라 내가 닦아놓은 길을 찾아가는 거예요.

답은 허공에 있지 않고 내 마음 안에 있습니다.

4 — 지혜의 장

돌에 관한 명상, 2007

마음 안에
답이 있습니다

　우리 마음속은 쓸데없는 것들로 가득합니다. 그래서 늘 머리가 복잡한 거예요. 남을 용서할 줄은 몰라도 자기 자존심 상하는 건 잘 알아요. 자기 잘못은 볼 줄 몰라도 다른 사람 잘못은 귀신같이 지적해요. 소위 공부 많이 하고 똑똑하다는 사람이 더합니다. 아는 게 많으니까 남의 잘못을 잡아내지 모르는 사람이 어떻게 알겠어요.

　이렇게 시시비비를 잘 가려내는 사람이 현명한 걸까요? 우리가 말하는 지식이라는 것이 '정말 나에게 도움이 되느냐' 하는 문제인데, 진리의 관점에서 볼 때 별로 도움이 되는 것 같지 않아요. 누가 그러더군요. 젊었을 때나 예쁘고 안 예쁘고, 똑똑하고 안 똑똑하고, 잘나고 못나고 차이가 나지, 나이 들어가면 별것 아니라고요. 엉뚱한 데 속지 말고 인생을 잘 살아갈 수 있는 방법을 연구해야 합니다.

　'무엇이 나를 편안하게 할 수 있는 최선의 길인가?'

그걸 찾아야 해요. 나를 행복으로 인도하는 보물, 어떤 조건에서도 변하지 않는 보물을 찾아야 합니다.

부처님께서는 말씀하셨어요.

"너의 눈이 불타고 있다. 너의 귀가 불타고 있다. 코와 입이 불타고 있다. 무엇으로 불타고 있는가? 격정의 불, 증오의 불, 미망의 불로 타오르고 있다."

우리는 계속해서 불타고 있는 존재입니다. 하루에도 수백 번 번뇌의 불덩이 속에 떨어지는데 자기가 불타고 있다는 사실을 전혀 모르고 있어요.

"스님, 무슨 말씀이세요? 저는 불타고 있지 않아요. 정말 편안하게 살고 있다고요."

한여름에 시원한 그늘에 앉아 솔솔 불어오는 바람을 맞으며 편하게 있는 것 같아도 온갖 번뇌 망상이 들끓어요. 여자가 지나가면 '예쁘냐, 안 예쁘냐?' 분별하고, 남자가 지나가면 '멋있냐, 안 멋있냐?' 분별하며 마음이 요동을 칩니다. 법당에 앉아 법문을 들으면서도 '저 말은 맞는 얘기, 저 말은 틀린 얘기'라고 분별하고 있잖아요.

이 순간에도 우리는 불타고 있어요. 이 말을 하는 저도 그래요. 마음속에 맹렬히 타오르는 이 불길을 꺼뜨리고 평상심을 회복하려는 노력을 수행이라고 합니다.

불교를 잘못 이해해서 그저 부처님 앞에 엎드려 절만 하는 되는 줄 아는데 다 부질없는 일이에요. 욕심이 많으면 자기 꾀에 자기가 속아 넘어갑니다. 노력도 하지 않고 얻으려고 하니까 그런 거예요.

어디 가면 내생을 봐주는 사람이 있다고 하던데 그건 진리가 아니에요. 경전에 이런 말씀이 있습니다.

전생의 일을 알고자 하는가?
금생에 받는 것이 그것이다.
내생의 일을 알고자 하는가?
지금 행하고 있는 것을 보라.

지금 내가 어떤 행위를 하느냐에 달렸지 이미 정해진 내생이란 없습니다. 정해진 운명이라면 기도할 이유가 있을까요? 부처님께서 왜 이 세상에 오셨겠어요. 중생의 팔자를 바꿔주러 오신 분이 부처님이에요. 그 방법이 바로 기도이며 수행입니다.

한 청년이 저에게 물었어요.

"스님, 저는 전생에 뭐였을까요?"

저도 모르지만 "당신은 개였다"라고 했더니 아주 기분 나빠 하더군요. 그래서 제가 한마디 덧붙였어요.

"이 사람아, 전생에 개였으면 참으로 행복한 인생 아닌가?"

개가 인간으로 태어났으면 엄청난 성공인데 만족을 몰라요. 가난한 집에서 살다 부자가 되면 행복한 거잖아요. 그러나 부자가 가난해지면 불행하죠. 그래서 기도할 때 부잣집 맏아들 되기를 바라지 말고 이렇게 기도해야 합니다.

'부처님, 이번 생에 열심히 수행하겠습니다. 부디 다음 생에는 실패에서 성공을 맛볼 수 있게 해주세요.'

전생을 물어본 그 청년에게 제가 말했습니다.

"거꾸로 생각해서 당신이 전생에 천신이었다고 합시다. 그런데 이번 생에 인간으로 떨어져 이렇게 고달픈 인생을 산다고 하면, 전생에 뭘 잘못해도 크게 잘못했다는 것 아니오? 죗값 치르느라 이 모습으로 태어난 건데 벌 받고 있는 인생이 행복할 리 없지 않겠어요?"

청년은 그제야 고개를 끄덕이며 수긍했어요.

전생은 중요한 게 아니에요. 과거는 더 묻지 마세요. 그냥 지금 최선을 다하면 되는 것입니다. 일이 잘되나 안되나, 그것도 생각할 필요 없고, 남들이 이러쿵저러쿵 평가하는 것도 신경 쓸 필요 없어요. 그냥 긍정적인 마음으로 성실하게, 최선을 다하면 되는 거예요. 과거에 연연하지 않고 현재에 충실할 때 미래도 좋아지는 것입니다.

저는 어렸을 때 부모님을 많이 원망했어요. 아버지도 마음에 안 들고, 어머니도 마음에 안 들었어요. 친구들은 여행을 잘만 다니는데 저는 가정형편이 어려워서 여행은 꿈도 못 꾸고 그저 친구들 자랑만 들어야 했어요. 그래서 아버지 앞에서는 경제적 어려움을 원망했고, 어머니 앞에서는 외모를 가지고 원망했어요. 내가 뱃속에 있을 때 어떻게 하셨기에 이렇게 키가 작으냐고 투정을 하면 어머니께서 말씀하셨어요.

"미안하다. 그때 내가 못 먹어서 네가 그런가 보다."

그럼 키는 그렇다 치고, 얼굴이라도 좀 잘생기게 낳아주지 왜 이렇게 낳으셨냐고 따졌어요. 계속 그러니까 할 말이 없었는지 어머니께서 이러시더군요.

"미안하다. 이럴 줄 알았으면 너한테 물어보고 낳는 건데…."

그런데 인생을 어느 정도 살아보니 부모님이 정말 감사하다는 생각이 들기 시작했어요. 그때 부모님이 저를 낳아주지 않으셨다면 오늘의 저는 존재할 수 없는 거잖아요.

인생은 긍정적인 사람의 것이에요. 이 세상 모든 사람은 다 자기 나름대로 인연이 있어요. 그 인연을 잘 알아서 가면 행복합니다. 그런데 엉뚱한 걸 잡고 '이게 내 것이다' 하면 인생이 피곤해져요. 기도를 열심히 하면 그 인연을 알 수 있습니다. 기도하면 길이 보인다는 말이 바로 그거예요. 없는 걸 만드는 게 아니라 내가 닦아놓은 길을 찾아가는 거예요. 답은 허공에 있지 않고 내 마음 안에 있습니다.

저는 누가 시켜서 출가한 게 아니라 제가 원해서, 제가 좋아서 한 일이에요. 인생은 오직 나의 선택에 달렸습니다. 그래서 인생은 셀프예요.

출가해서 스님으로 살다 보니 부모님에게 감사한 일이 많습니다. 이제 보니 제 키가 작은 게 아니라 적당해요. 양복을 입는다면 별로겠지만 승복을 입고 보니 키가 알맞아요. 머리도 길었을 때보다 깎고 나니까 훨씬 나아 보여요. 스님으로서 모든 게 잘 어울리는 것 같아요. 저를 이런 모습으로 낳아주신 어머니에게 감사한 마음이 절로 들어요.

또 '돈 못 버는 재주'를 가졌던 아버지에게도 감사해요. 만약 돈 버는 재주가 출중하셨으면 제가 돈 쓰는 재미에 빠져 출가할 생각이나 했겠어요? 아마 시켜도 안 하고, 빌어도 안 했겠죠. 그만한 어려움이 있었기 때문에 제가 여기까지 왔다고 생각하니 굉장히 행복해요. 이것을 여러분 인생에 대입해보세요. 이만하면 충분하다는 생각을 가져야 합니다.

어쨌거나, 전생에 공덕을 많이 지었는지 이렇게 인간으로 태어나 다행이고, 전생에 닦은 인연이 출중한지 이렇게 부처님 법을 만나게 되어 행복하다는 생각을 해보세요. 저는 그 생각을 할 때마다 가슴이 뭉클해요. 남들과 비교할 것 없어요. 나는 나대로 사는 거예요. 세상은 생각하기 나름이니 모든 걸 긍정적으로 보아야 합니다.

정말 가진 게
아무것도 없을까요?

한 젊은이가 스님을 찾아가 하소연했어요.

"저는 하는 일마다 되는 일이 없습니다. 어떻게 하면 좋을까요?"

"전생에 지은 공덕이 없어서 그렇다. 공덕을 많이 짓거라."

"어떻게 하면 공덕을 지을 수 있습니까?"

"많이 베풀고 나누어라."

그러자 젊은이가 한숨을 쉬며 말했습니다.

"참, 답답한 말씀을 하십니다. 가진 게 있어야 뭐라도 베풀지요?"

아마 이 젊은이처럼 생각하는 사람들이 많을 거예요. 그러나 가만히 생각해보세요. 우리가 정말 가진 게 아무것도 없을까요? 재물 없이도 베풀 수 있는 방법, 사람들을 기쁘게 해줄 수 있는 방법은 많습니다. 물질적인 것을 나누는 것만 보시가 아니라 다른 사람을 기쁘게 해주는 것도 보시입니다. 예를 들어 운전을 할 때 다른 차가 끼어든다고 인상 쓰지 말고 웃으며 양보해주면 서로가 얼마나 기분 좋겠어요?

별일도 아닌 걸 가지고 인상 쓰고 다니는 사람이 있는데, 그래봤자 자기만 손해지 이익 될 게 없습니다. 그렇게 인상 쓰고 있으면 보는 사람도 인상을 쓰게 됩니다. 상대가 기분 나쁘면 좋을 게 뭐가 있겠어요? 상대가 나를 어떻게 대하든 나는 좋은 모습을 보이는 것, 이것이 공덕이 됩니다.

거꾸로 남에게 고통을 주는 것에 쾌감을 느끼는 사람도 있습니다. '내가 인상을 써야 저 사람이 기분 나쁘겠지.' 상대방이 기분 나쁠 만큼 인상을 써야 하니까 열 배는 더 인상을 쓰게 됩니다. 그런 어리석은 일은 하지 말아야 해요. 공덕은 짓지 못할망정 왜 업을 지으려고 합니까?

웃으며 살아도 버거운 인생을 인상 쓰고 살면 얼마나 힘들겠어요. 부처님 같은 미소를 닮아보세요. 항상 온화한 미소로 상대방에게 감동을 주려는 마음으로 살아야 나도 좋고, 남도 좋고, 인생도 좋아집니다.

이왕이면 좋은 모습을 보여주려고 애써보세요. 좋은 옷을 입고 화려하게 치장하라는 게 아니라 얼굴에서 미소가 떠나지 않게 하세요. 미소는 미소를 부릅니다. 그리고 웃음은 전염됩니다. 웃으면 나도 즐겁고, 보는 사람도 즐겁습니다.

우리는 말로써도 공덕을 지을 수 있습니다. 항상 부드러운 말, 바른 말을 해야 합니다. 남을 헐뜯기 좋아하는 사람도 있지만 그래서 얻을 게 뭐가 있겠어요. 상대방에 대해 좋게 말해주는 사람이 좋은 사람이에요. 그런데 이것도 지혜로워야 합니다. 만약 사기꾼을 가리켜 좋은 사람이라고 하면 어떻게 될까요? 공범이나 다름없어요. 이왕이면 좋게 말해주자 하니까, 아닌 것도 그렇다고 말해주는 게 좋은 거라고 착각하는데 그건 아닙니다. 그래서 지혜로워야 해요.

부처님 오신 날이 되면 동자승을 많이 볼 수 있습니다. 아이들을 단기 출가시켜 스님의 생활을 체험하게 하는 것인데, 그렇게 해서 남다른 불심을 심어주고 영원히 잊을 수 없는 부처님과의 지중한 인연을 만들어주는 거예요. 그런 동자승을 다른 표현으로 '천진불'이라고 합니다. 아이들은 천진한 마음으로 거짓 없이 표현하기 때문입니다.

어른들은 어떤 일에 대해서 말할 때 항상 자기에게 유리한가 불리한가를 먼저 계산합니다. 그래서 순수하지 못하고 때가 묻어 있어요. 그러나 아이들은 솔직합니다. 그저 본 대로 말하고, 있는 그대로 말하니, 그 마음이 바로 부처님 마음이에요.

수행이란 무엇일까요? 결국 순수한 마음자리를 회복해가는 과정 아닐까요? 그러므로 불자라면 말 한마디라도 진실하게 하려고 노력해야 합니다.

그리고 되도록이면 희망과 용기를 주는 말을 해야 합니다. "너는 안 돼"라고 말하기보다는 "너는 할 수 있어"라고 말해주세요. 희망이 없는 삶은 온전히 사는 것이라 할 수 없습니다.

제가 존경하는 큰스님은 항상 따뜻한 말로 사람들에게 희망의 메시지를 주셨습니다. 한번은 큰스님께 말기 암 환자가 찾아왔어요. 누가 봐도 환자라는 걸 알 수 있을 만큼 힘겨워하는 모습이었습니다. 그분은 병을 고쳐보겠다고 찾아온 건데 참으로 난감한 상황이었어요. 그때 큰스님께서 하신 말씀이 놀라웠습니다.

"기도하세요. 그럼 고칠 수 있어요."

그러자 그분의 얼굴에 금세 화색이 돌았어요. 업혀 왔던 사람이, 죽도 못 먹던 사람이 큰스님 말씀 한마디에 밥을 먹고 싶다고 했어요.

그 후 그분은 밤낮없이 열심히 기도했습니다. 몇 달이 지나고, 또 몇 해가 흘렀어요. 겨우 석 달밖에 못 산다던 그분은 큰스님의 말씀에 희망을 얻어 몇 년을 더 살았다고 합니다.

말 한마디로 사람을 살린다는 이야기가 결코 빈말이 아닙니다. 남에게 희망을 주는 말은 그 자체로 큰 공덕이 된다는 것을 잊지 마세요.

흘러가는 물도
떠줘야 공덕이 됩니다

부처님께서는 당신의 아들 라훌라에게 멋진 가르침을 주셨어요.

아들이 태어나자마자 출가하신 부처님께서 깨달음을 얻고 고향을 다시 찾았을 때 라훌라가 유산을 달라고 했어요. 엄마인 야소다라 부인이 시켰던 거예요. 그러자 부처님께서는 라훌라의 머리를 깎여 출가를 시켰습니다. 라훌라는 그렇게 해서 일곱 살 어린 나이에 출가하게 됐습니다. 그런데 너무 철이 없어서 사람들에게 거짓말을 하는 등 나쁜 행동을 자주 했어요. 그 사실을 안 부처님께서 하루는 라훌라를 부르셨어요. 라훌라는 부처님이 앉으실 자리를 마련하고 발 씻으실 물을 준비했어요.

두 발을 씻고 난 부처님께서 라훌라에게 물으셨어요.

"라훌라야, 이 물을 먹을 수 있겠느냐?"

"발을 씻은 더러운 물이라 먹을 수 없습니다."

"나쁜 언행을 하면 네 마음도 이와 같이 된다. 네 마음이 아무리 깨끗하다 하더라도 잘못된 언행으로 더럽혀지면 소용없는 법이다."

부처님께서는 발 씻은 물을 버리게 하셨어요. 그런 다음 다시 물었습니다.

"라훌라야, 이 그릇에 음식을 담을 수 있겠느냐?"

"담을 수 없습니다."

"왜 그러한가?"

"발을 씻어서 그릇이 이미 더럽혀졌기 때문입니다."

"그렇다. 너는 출가 수행자인데도 입으로 거짓말을 하고 정진을 게을리했다. 그래서 여러 사람들에게 비난을 받고 있으니, 발 씻은 그릇에 음식을 담을 수 없는 것과 같다."

라훌라는 자신의 행동을 크게 뉘우치고, 그 후 부지런히 정진하는 수행자가 되었습니다.

이 이야기는 라훌라에게만 해당되는 가르침이 아닙니다. 아내에게 또는 남편에게 상처 주는 언행을 해놓고 어느 날 갑자기 마음을 바꾼다고 없던 일이 되는 건 아니에요. 평소에 조심해야 합니다. 마음그릇에 더러운 것을 담지 말아야 해요.

'어떻게 하면 상대방을 편안하게 해줄 수 있을까?'

서로 그런 마음으로 살아가면 부딪칠 일이 없습니다. 그런데 현실을 보면 대개 거꾸로 살고 있어요. 남을 배려하기보다는 자기중심적으로 생각하는 사람이 대부분이에요.

기본적으로 좋은 마음을 내야 하고, 그 마음을 표현해야 합니다. 마음을 표현하는 데 인색한 남자가 많아요. '꼭 말로 해야 하나?' 그러지 말고 아내의 생일이면 꽃다발이라도 사다 주면서 '사랑한다'고 말해보세요. 그러면 아내가 얼마나 행복해하겠어요? 그동안 마음고생이 눈 녹듯이 사라질 거예요. 흘러가는 물도 떠줘야 공덕이 됩니다. 아무리 마음이 있어도 표현하지 않으면 상대가 그 마음을 알 수 없어요.

그렇다고 바깥일에 지친 남편에게, "오늘 내 생일인데 왜 그냥 왔어?"라고 바가지를 긁으라는 말이 아니에요. 남편은 아내를 배려하고, 아내는 또 남편을 배려해서 서로 보듬어주는 마음으로 살아야 한다는 말입니다. 그러는 과정에서 행복이 커지는 법이에요.

수십 년을 함께 살면서도 '이 사람과 내가 인연인가 아닌가?' 고민하는 사람들이 있어요. 부부는 오백생의 인연으로 만났다고 하는데, 인연이니까 만났지 인연이 아니면 어떻게 만났겠어요?

가만히 생각해보면 세상일은 참으로 신비한 인연의 연속입니다. 무슨 운명이나 팔자가 한평생 정해져 있는 게 아니에요. 팔자는 순간순간 바뀝니다. 지금 어떤 생각을 하느냐에 따라 달라집니다. 변화의 시작은 미약해도 점점 커져서 결국 팔자도 바꿔버리는 거예요.

부뚜막의 소금도 집어넣어야 짜다고 하잖아요. 상대방을 행복하게 해주는 말이라면 미루지 말고 당장 표현하세요. 집에서나 밖에서나, 늘 아름다운 말을 하고 밝은 표정을 지으면 주변도 밝아지고 내 인생도 밝아집니다.

어리석은 사람은 자신을 고정불변의 존재라고 생각합니다. 하지만 그 누구도 고정된 존재가 아니에요. 그저 인연 따라 일시적으로 머물다 갈 뿐이에요. 짧게 만나느냐, 길게 만나느냐 차이가 있을 뿐, 우리 만남은 결코 영원하지 않습니다. 어차피 만난 인연이라면 최선을 다하는 게 좋지 않을까요? '덧없는 인생, 대충 살고 말자'라고 생각하기보다는, 그래서 더 소중한 삶이라는 것을 알아야 합니다.

만남이 영원하지 않듯 헤어짐도 영원하지 않습니다. 나와 헤어진 인연도 언젠가 다시 만날 수 있다는 것을 안다면 모든 인연을 소중히 할 수밖에 없어요. 우리가 매일 먹는 밥을 생각해볼까요. 먹을 때는 입으로 들어가서 영원히 내 몸속에 존재할 것 같지만 아니에요. 몇 시간 지나면 다시는 만나지 말자고 코를 틀어막고 몸 밖으로 보내버립니다. 그렇지만 그걸로 끝일까요? 그것이 거름이 되고 곡식을 살찌워서 나에게 되돌아오는 게 자연의 이치입니다.

그러므로 모든 인연에 대해 끝까지 정성을 다해야 합니다. 내가 먼저 인연을 소중하게 여기고 상대를 배려한다면 상대도 그럴 것입니다.

내가 먼저 변화할 때 상대방도 변화할 수 있어요. 이 원리를 잊지 마세요. 물건을 대할 때도 부처님 대하듯 하고, 사람을 대할 때도 부처님 예경하듯 하세요.

우리는 행복해지기 위해서 종교를 믿습니다. 어디까지나 삶을 위한 종교여야 하지, 종교를 위한 종교가 되어선 안 됩니다. 내 종교만 최고라는 아집에서 벗어나 다른 종교도 이해하려는 마음, 상대의 종교를 존중하는 마음이 필요해요.

언젠가 라디오 상담 프로그램에서 이런 이야기를 들었어요. 어떤 분이 자신의 종교를 포기하고 남편을 따라 불교로 개종하려고 하는데 친정 식구들 반대가 워낙 심해서 어떻게 해야 할지 모르겠다는 고민을 털어놓았어요. 그때 상담해주는 스님의 말씀에 무척 공감이 갔어요.

"기도해서 원하는 바를 이루기 전에 불교에 대해 자세히 알아보는 게 중요합니다. 강을 건너려면 배가 필요한데, 그 배가 강을 잘 건너갈 배인지, 혹시 가다가 침몰할 배인지 확실히 알아야 할 것 아니겠습니까?"

종교 문제로 가정의 화합이 깨지고 분란이 일어나선 안 됩니다. 현실에서 갈등하고 반목하면서 어떻게 극락과 천당을 얘기할 수 있겠어요? 내 마음속에 천당과 극락이 있음을 잊지 말고, 마음을 바르게 닦아야 합니다.

돌에 관한 명상, 2004

내 인생의 주인으로 살아가야 합니다.
집이 있다고, 건물을 가졌다고 주인이 아닙니다.
내 인생을 주인으로 살고 있는가,
주어진 시간을 주인답게 쓰고 있는가,
이것이 가장 중요합니다.
얻으려고 애쓰면 비굴하고 비참합니다.
눈치를 살피고 요령을 부리면 발전이 없습니다.
하지만 나의 힘으로, 나의 노력으로
헤쳐 나가면 날마다 당당하고 행복합니다.

우리는 늘 외부의 조건에 휘둘립니다.

눈에 보이는 빛깔과 모양, 귀에 들리는 소리,

그리고 혀에 느껴지는 맛과 피부에 닿는 감촉이

우리를 가만 내버려두지 않습니다.

그래서 이리저리 휘둘리지만, 그럴수록 마음만 불편해요.

이것이 번뇌입니다.

다른 사람과 갈등이 생기면 대개 상대를 탓합니다.

부부싸움을 해도 성격 차이라고들 하는데,

과연 이 세상에 나와 성격이 꼭 맞는 사람이 있을까요?

누구나 다 맞춰가며 사는 거예요.

지혜로운 사람은 시비 분별하지 않습니다.

'그러려니' 하는 마음으로 이해하고 용서합니다.

이것이 수행으로 얻을 수 있는 마음입니다.

내가 가진 지식이 내 인생에 도움이 되고 있는지,

아니면 독이 되고 있는지 진지하게 돌아보세요.

행복을 특별한 이벤트라고 생각하지 마세요.

하루하루 일상에서 행복해야 합니다.

중요한 것은 오늘 행복해야 한다는 사실입니다.

오늘 행복하지 못하면 언제 행복하겠어요?

행복을 내일로 미루는 것은 어리석은 일입니다.

그럴 만한
사정이 있겠지요

옛날 강원도 오대산에 구정선사라는 분이 있었습니다. 스님은 출가하기 전 비단 장사를 했어요. 비단을 지고 여기저기 다니던 중 하루는 오대산 진고개 중턱에 지게를 내려놓고 잠깐 쉬고 있는데, 어떤 스님이 따가운 햇살을 온몸에 받으면서 한참을 꼼짝 않고 서 있는 거예요. 그래서 이상하다 싶어 스님에게 물었어요.

"스님, 뭐하십니까?"

"중생에게 공양을 주고 있다네."

"중생이 어디에 있는데요?"

"내 옷 속에 있지."

"옷 속에 무슨 중생이 있다고요?"

"이가 바로 중생이지."

사람의 피를 빨아먹는 이들에게 공양을 주느라 꼼짝도 않고 서 있었다는 이야기예요.

"그냥 걸어가도 피를 빨아먹을 텐데 왜 굳이 그러고 계십니까?"

"젊은이는 밥 먹을 때 땅이 움직이면 밥이 잘 넘어가겠나?"

그 말에 큰 감동을 받은 젊은이는 등짐을 내려놓고 그길로 스님을 따라 관음암으로 갔어요.

제자가 되고 싶다고 졸라대는 젊은이에게 스님은 아궁이를 만들어 솥을 걸라고 했습니다. 젊은이는 돌을 줍고 흙을 반죽해 정성껏 아궁이를 만들고 솥을 걸었어요. 그런데 스님은 호통을 치면서 밀어버리고 다시 시켰어요. 그래서 다시 만들어 솥을 걸면 밀어버리고, 또 걸면 밀어버리기를 무려 아홉 번이나 반복했어요. 그러는 동안에도 젊은이는 한 번도 싫은 기색을 보이지 않았습니다.

마침내 스님은 그를 제자로 받아들였고, 솥을 아홉 번 걸었다고 해서 '구정九鼎'이라는 법명을 내렸어요. 어렵게 제자가 됐는데 그 후에도 스승은 도를 가르쳐주기는커녕 만날 일만 시켰어요. 도를 닦으러 왔지 일하러 온 게 아닌데 말이에요.

산에 가서 나무하고, 장작 패고, 밥하고, 빨래하고… 그렇게 3년을 기다리다가 하루는 구정이 물었어요.

"스님, 부처가 무엇입니까?"

그러자 스님이 말씀하셨어요.

"즉심시불卽心是佛이니라."

‘마음이 곧 부처’라는 말인데, 그 뜻을 모르는 구정은 그걸 ‘짚신시불’로 알아들었어요. 그날부터 구정은 마음에 커다란 의문을 품었어요.

‘짚신이 왜 부처인고?’

그래서 산에 나무를 하러 가거나 밥을 할 때도 항상 짚신 속에 들어앉아 있다는 부처를 찾아서 틈만 나면 ‘짚신시불, 짚신시불’ 하다가 어느 날 마음이 툭 터져버렸어요. 깨달음을 얻은 거예요. 그렇게 도를 깨친 구정선사는 훗날 큰스님이 되었다고 합니다.

오직 하나를 붙들고 치열하게 수행한 구정선사처럼, 염불을 할 때 지극한 마음으로 ‘관세음보살’을 부르다 보면 그 속에 우주의 진리가 담겨 있는 걸 발견할 수 있습니다. 머리가 똑똑한가 아닌가는 중요하지 않아요. 아는 게 많은가 적은가도 중요하지 않아요. 내 마음이 텅 비어 있으면 됩니다.

원효대사가 출가했을 때 신라의 불교는 왕족과 귀족 중심이었어요. 이를 대중불교로 바꿔가기 위해 노력하신 분이 원효대사입니다. 원효대사는 요석공주와 짧은 인연을 맺어 아들 설총을 낳고, 스스로 승복을 벗어던진 채 백성들 속으로 들어갔어요. 자신을 한없이 낮춰 백성들의 벗이 된 원효대사는 가난한 사람과 천민, 거지, 어린아이들까지 모두 ‘나무아미타불’ 염불을 따라 하게 해서 신라를 불국정토로 꽃피웠습니다.

당시 신라 사람들이 원효대사를 따라 염불할 때 그 뜻을 알고 했을까요? 뜻을 모르고 염불해도 공덕이 됩니다. 좋은 운을 부르는 소리의 파장은 불보살을 감응시킵니다. 이것을 일컬어 진언眞言이라고 해요. 우리가 관음정진을 할 때 부르는 '관세음보살'의 명호야말로 모든 어려움을 능히 헤쳐갈 수 있는 진언입니다. '관세음보살'을 부르면 분노가 가라앉고, 불안이 해소되고, 그 어떤 고난도 극복할 수 있는 힘을 얻을 수 있어요.

화가 머리끝까지 치밀어 올라 도저히 참을 수 없을 때, '관세음보살'을 간절하게 불러보세요. 화가 사그라지게 돼 있어요. 외부로부터 가피가 오고 안 오고를 떠나서, 내 마음을 다스리는 데 좋은 효과가 있는 진언입니다. 실제로 해보면 알 수 있어요.

진리의 길을 가려는 사람은 마음자세가 중요합니다. 사실 우리는 너무 많이 따져요. 절에 다니면서도 '주지스님이 어떻고, 도반들이 어떻고' 하면서 끊임없이 분별심을 내잖아요. '그럴 만한 사정이 있겠지'라고 생각하세요. 공연히 시비하고 분별하면 자기만 손해예요. 도道는 형식에 있지 않고 우리 마음에 있어요. 성실한 마음속에 진리가 있다는 것을 절대 의심하지 마세요.

물은 생명의 근원이고 더러운 것을 씻어주지만 절대로 거만하지 않습니다. 그릇이 생긴 대로 머물고, 길이 난 대로 흘러갈 뿐, 결코 조건을 탓하지 않아요. 진리의 길을 가는 불자라면 이처럼 물을 닮아가야 합니다. 거만해서도 안 되고, 조건을 탓해서도 안 됩니다.

우리는 손톱만큼 노력해놓고 엄청나게 큰 걸 바랄 때가 많아요. 절에 와서 겨우 삼배 정도 하고 가면서 뭘 대단하게 기도했다고 착각하는 분들도 있어요. 항상 부족하다는 생각을 가져야 합니다.

'참 부족하구나, 부족하구나. 이런 게으른 마음으로 부처님께 다가가 무엇을 얻을 것인가? 정말 부족하구나.'

이런 마음으로 기도하다 보면 어느 순간 결과가 나타날 때 참으로 행복합니다. 열심히 하는데 기도가 이루어지지 않으면 영험 없는 절이라는 소리를 들을까봐 스님이 불안해할 만큼 기도하세요. 그러면 뭐든지 이루어지게 돼 있어요. 쭉정이 농사를 지어놓고 알곡을 바란다면 그건 도둑놈 심보예요.

부처님의 가르침을 실천하기 위해 나에게 주어진 이 생명의 시간을 기꺼이 바치는 것을 '생명공양'이라고 합니다. 백 년도 못 사는 육신을 위해서는 귀중한 시간을 아낌없이 투자하면서, 정작 억겁다생의 보배라 할 수 있는 지혜를 얻기 위해서는 얼마나 투자하고 있나요?

항상 부족하다는 생각으로 부처님의 가르침을 배우고 수행하세요. 될 만한 원인을 짓고 결과를 바라야 합니다. 이것이 인과의 법칙입니다. 하늘에서 비가 오는 것은 누가 물을 뿌려서가 아니라 올 수 있는 인연이 모여서 오는 거예요. 콩 심은 데 콩 나고 팥 심은 데 팥 난다는 진리, 이것이 불교입니다. 그리고 실천하는 것, 이것이 불교입니다.

알고 보면
내가 만드는 병

사기를 치는 사기꾼이 문제일까요, 아니면 사기를 당하는 사람이 문제일까요? 법적으로는 사기 친 사람만 처벌하지만, 진리의 관점에서 볼 때 사기를 당한 사람도 그리 억울해할 건 못 됩니다. 왜 그럴까요? 사기를 당한다는 것은 그 사람의 마음에도 사기꾼 못지않은 욕심이 있다는 뜻이기 때문입니다.

제가 출가하기 전에 겪은 일입니다. 서울 남산에 갔다가 돈 놓고 돈 먹기 하는 속칭 야바위판을 만났어요. 옆에서 가만히 보니, 사람들이 돈을 꽤나 잘 따가기에 나도 하면 될 것 같다는 생각이 들었어요. 사실은 자기들끼리 다 짜고 하는 건데 그것도 모르고 어린 마음에 겁도 없이 달려든 거예요. 그때 마침 등록금을 내려고 부모님한테 받은 돈이 있었는데, 순식간에 잃어버리고 정신을 차려보니 이미 늦었어요. 사기꾼들에게 돈을 돌려달라고 사정했지만, 그들이 줄 리가 없죠.

""

억울하고 속이 상했던 저는 그 사람들에게 소리쳤어요.

"야, 이 도둑놈들아! 이 사기꾼들아!"

"사기꾼은 너지, 내가 왜 사기꾼이냐?"

저는 깜짝 놀랐습니다. 혼란스러웠어요.

'정말 누가 사기꾼인가?'

그래서 가만히 생각해보니 저도 사기성이 농후했던 거예요. 야바위꾼의 돈을 따먹겠다고 덤비는 그 마음이 시커먼 도둑놈 심보잖아요. 내 마음에 도둑이 들어앉아 있다는 생각은 전혀 못 하고 상대방이 내 돈을 떼먹은 것만 생각하는 어리석음에 빠져 있었어요. 그때부터 저는 고민하기 시작했어요. 어리석은 중생의 마음으로 살 게 아니라 마음을 바르게 닦아야겠다는 결심을 하고 인생의 방향을 새로 정했어요.

절에 다니면서 신도회 일을 맡거나 신행단체 활동을 하다 보면 이런 저런 갈등을 겪습니다. 그런데 그런 갈등과 비난이 무서워서 봉사나 소임을 피하려는 분들이 있어요. 절에 와서 복은 받고 싶은데 복을 짓기는 싫다는 거예요. 마치 구더기 무서워 장을 못 담근다는 말과 똑같아요. 구설에 오르는 걸 두려워 말고 묵묵히 소임을 다하면 자연히 마음공부가 되고 업장을 소멸하는 공덕도 됩니다.

마음이 흐트러지지 않게 살아가려면 몸이 좀 바쁜 게 좋습니다. 요즘은 아이를 한두 명만 낳지만 예전에는 평균 네 명 정도 낳았고, 많은 집은 예닐곱 명도 넘었어요. 그러다 보니 아이 키우랴, 농사일 하랴 정신없이 바빠서 다른 생각할 여유가 없었어요. 그런데 요즘 엄마들은 여유가 많아서 문제라고 해요. 아이를 중학교만 보내놓아도 엄마들이 시간이 나기 시작해요. 그 시간에 혼자 있는 엄마는 무엇을 해야 할까요? 그럴 때 마음의 중심을 잘 잡아야 합니다. 그 시간에 가장 좋은 일은 기도하는 것입니다.

아이가 학원에 가 있으면 지금은 자유시간이라 생각하지 말고 그 시간에 기도하는 엄마가 되어보세요. 그 정성과 염력은 어디 가지 않습니다. 요즘엔 모든 걸 물질적으로만 생각해요.

"학원비 대줬으면 됐지 뭘 더 바라? 돈을 얼마나 들여서 과외를 시키는데 더 이상 어떻게 해? 나는 할 도리를 다했어."

그렇게 메마른 삶을 살지 말고 인간미 넘치는 가정을 만들어야 해요.

한 고등학생이 저에게 상담을 받으러 왔어요. 그 학생은 신경쇠약을 앓고 있었는데 어느 정도냐 하면, 친구들이 모여 있으면 칼로 찌르고 싶은 충동이 든다고 했어요. 자기 몸에서 냄새가 난다고 친구들이 수군거리는 것 같다는 거예요. 그래서 그런 말을 직접 들은 적이 있느냐고 물었더니 그런 적은 없다고 해요. 자기 생각에 그렇다는 거예요.

그래서 학생에게, 정말 냄새가 나는지 맡아보게 가까이 와보라고 했어요. 아무 냄새도 안 나고 비누 냄새만 났어요.

"너한테서는 좋은 냄새가 난다. 나쁜 냄새는 없어."

그랬더니 진짜냐고 물어요.

"진짜다. 그러니까 냄새 난다는 말을 직접 듣기 전에는 절대로 추측하지 마라. 그리고 혹시 엉뚱한 소리를 하는 친구가 있으면 나한테 데리고 와라."

그렇게 자신감을 심어줬더니 서서히 좋아지기 시작해서 지금은 아무 문제없이 학교생활을 잘하고 있다고 해요. 남의 이야기에 자꾸 신경을 쓰다 보면 이렇게 자존감도 떨어지고 이유 없이 상대방을 미워하는 마음이 생깁니다.

우리네 병이라고 하는 게 알고 보면 스스로 만들어내는 경우가 많아요. 누가 찔러서 아픈 게 아니라 스스로 병을 만들어 고통 받는 거예요. 남들이 수군대는 이야기를 구태여 들으려고 하지 마세요. 남을 무시해도 안 되지만 너무 의식하는 것도 안 좋아요. 인생이 피곤해집니다.

이 세상 모든 사람이 다 좋기만 하다면 굳이 기를 쓰고 극락에 갈 필요가 있을까요? 만나는 사람마다 모두 나를 미소 짓게 하고 만족스럽게 해준다면 굳이 극락에 갈 필요가 없습니다. 여기가 극락인데 뭐하러 힘들게 극락에 가겠어요?

그러나 세상은 그렇지 않습니다. 그냥 좋은 사람이 있는가 하면, 이유 없이 미운 사람도 있어요. 남을 미워하면 나쁜 과보를 피할 수 없습니다. 설사 내 눈에 좀 언짢은 사람이라도 좋게 보려는 연습을 해야 합니다. 그래야 내 마음도 편안하고, 나쁜 과보를 피할 수 있어요.

우리는 이 세상에 복을 받으러 온 게 아니라

복밭에 복을 지으러 온 것입니다.

진정으로 상대를 위하는 마음이야말로

복덕과 행복의 원천입니다.

기회가 있을 때마다 베풀고, 나누고, 봉사하세요.

다른 사람들 말에 너무 신경 쓰지 마세요.

사람들이 모여서 수군거리면 마치 내 이야기를

하는 것 같아서 기를 쓰고 들으려고 합니다.

하지만 그걸 궁금해하지 마세요.

그게 다 번뇌 덩어리입니다.

인생은 순간의 연속이에요.

순간순간을 잘 사는 것이 인생을 잘 사는 길이며,

순간을 가벼이 여기는 것은 인생을 가벼이 여기는 것입니다.

점이 모여 선이 되고, 선을 이어 원이 되듯,

우리는 순간이라는 점으로 인생을 살고 있습니다.

그 순간이 모여 10년, 20년, 30년이 되고,

그것이 모여 한평생이 됩니다.

그리고 한평생이 돌고 돌아 윤회한다는 것을 생각하면

어떻게 살아야 할 것인가 답이 나올 거예요.

참으로 소중한 순간이고, 소중한 인연입니다.

기적을 따라가지 말고 진리를 따라가야 합니다.

물론 기적이 나타날 수도 있어요.

그러나 그것은 일시적인 것이고,

일시적인 것은 진리일 수 없습니다.

진리라고 한다면 오늘도 참이고 내일도 참이어야 해요.

물은 거꾸로 흐르지 않아요.

오늘도 그렇고 내일도 그렇습니다.

5

믿음의 장

돌에 관한 명상, 2013

등불은 내 발밑만
비추지 않는다

절에 와서 '관세음보살'을 부르는 것만 불교가 아닙니다. 마음을 바꾸는 게 불교의 핵심이에요. 살아가면서 어떤 마음을 갖느냐에 따라 인생이 달라지는 거예요. 우리가 기도하고 수행하는 것은 중생의 마음을 보살의 마음으로 바꾸는 작업이에요.

절에 다니면서도 정작 부처님의 가르침을 배우려 하지 않고 소원을 들어주느냐 마느냐, 협상의 대상으로 생각하는 불자가 많아요. 그래서 겉으로는 불자이지만 마음은 불자가 아닌 사람이 더 많은 게 안타까운 현실입니다. 절에 다니는 사람이 되지 말고 진실한 불자가 되어야 해요. 승속의 구분 없이 모두가 부처님의 제자답게 정진하는 대중불교가 되어야 합니다.

참다운 불자가 되려면 거의 스님 같은 불자, 반스님으로 살아야 합니다. 반스님은 어떤 사람일까요? 머리를 반만 깎은 사람일까요? 스님

도 아니면서 스님 옷을 걸치고 다니는 사람일까요? 반스님이란 마음을
스님같이 쓰는 사람입니다.

출가해서 스님이 되면 결혼하지 않고 혼자 살아야 합니다. 출가 초
기에 저는 그 이유가 무척 궁금했어요.

'왜 결혼도 못 하게 하고 재산도 못 가지게 하는 걸까? 그런 것과 관
계없이 수행만 열심히 하면 되는 거 아닌가?'

그래서 큰스님께 여러 번 여쭈어 답을 얻었어요. 그것은 바로 집착
이라고 하는 것, 애증이라고 하는 것 때문이었어요. 누구나 사랑하는
영역을 만들어놓으면 벽을 쌓고 울타리를 치게 돼 있어요.

큰스님께서 언젠가 말씀하셨어요.

"중이 게으르면 일체중생이 배가 고파. 자기 혼자 편하자고 중 되는
게 아니라 모든 중생의 부모 노릇을 하는 게 중이야."

그렇습니다. 결혼하면 내 자식의 부모 노릇만 하면 되지만, 출가해
서 스님이 된다는 것은 모든 중생의 부모 노릇을 해야 한다는 의미입
니다.

스님이 결혼하면 어떻게 될까요? 내 자식, 내 가족만 알고 그들이
우선이 됩니다. 그게 인간의 본능이에요. 어떻게 중생과 함께하면서 바
른 지혜를 가르칠 것이며, 어떻게 그들의 고통을 어루만져줄 수 있겠
어요? 그 어디에도 집착하지 않도록, 울타리 없는 마음을 가질 수 있
도록 결혼하지 않는 거예요.

 그렇기 때문에 영원히 살 것처럼 내 것이라고 욕심내거나 집착할 이유가 없어요. 출가 수행자인 스님의 삶에서 우리가 배워야 할 것은 그런 집착하지 않는 삶입니다.

절에 와서 기도만 하는 것은 온전한 불교가 아니에요. 생활 속에 녹아드는 불교라야 진정한 불교입니다. 가정과 직장, 어디에서나 불교를 실천해야 합니다. 부처님의 가르침을 받았는데 그것을 제대로 실천하지 못한다면 오히려 부처님을 욕되게 하는 거예요. 나 하나로 그치지 않고 나의 행위가 곧 불교인의 행위라는 마음으로 살아야 합니다.

옛날 한 스승이 앞을 보지 못하는 제자를 가르쳤어요. 어느 날, 스승과 제자가 시간 가는 줄 모르고 이야기를 하다가 그만 날이 저물어 깜깜해졌어요. 집으로 돌아가야 하는 제자를 위해 스승은 등불을 하나 들려주었어요.

"스승님, 제가 앞을 보지 못한다는 사실을 잊으셨나요? 저는 밤도 밤이고 낮도 밤인데, 등불이 무슨 필요가 있습니까?"

"너는 하나만 알고 둘은 모르는구나. 이 등불은 네 발밑만 비추는 게 아니라 다른 사람들의 발밑도 비출 것이다. 이 등불로 인하여 서로 부딪치지 않고 잘 갈 수 있지 않겠느냐?"

그 말에 제자는 스승의 깊은 뜻을 이해했어요.

중생을 일컬어 무명중생이라 합니다. 밝은 지혜가 없어서 깜깜한 어둠과도 같은 무명無明 속에 있다는 말입니다. 그런 무명을 지혜로 바꾸는 것은 나만이 아니라 남을 위하는 것이기도 해요. 본인은 답답한 것 없다고 하지만 그것은 잘못된 생각이에요. 비록 지금은 살 만하더라도 현실에 안주하지 말고 열심히 기도하고 정진해야 합니다. 그렇게 지혜를 발현해야 인생이 좋아지고, 이것은 궁극적으로 모두를 위하는 길이기도 해요.

불교는 자리이타自利利他의 종교입니다. 나도 이롭고 남도 이롭고, 나도 밝아지고 상대도 밝아지게 하는 가르침이에요. 그러므로 내가 지금 편안하든, 편안하지 않든 아직은 중생이기 때문에 중생의 허물을 벗기 위해 꾸준히 노력해야 합니다.

담아두고 있으니
답답한 거지요

어느 날 부처님께서 길을 가다가 바닥에 떨어져 있는 종이를 보고 제자에게 물으셨어요.

"무엇에 쓰던 종이 같으냐?"

"향내가 나는 걸 보니 향을 쌌던 종이인가 봅니다."

다시 길을 가다가 이번에는 새끼줄 한 토막을 보았어요.

"그 새끼줄은 어디에 쓰던 것 같으냐?"

"비린내가 나는 걸 보니 생선을 묶었던 줄인가 봅니다."

제자가 답하자 부처님께서 말씀하셨어요.

"인간의 본성은 맑고 깨끗하지만, 인연 따라 복을 일으키기도 하고 죄를 일으키기도 한다. 마치 향을 쌌던 종이에서 향내가 나고, 생선을 묶었던 새끼줄에서 비린내가 나는 것처럼. 사람들은 무엇엔가 점점 물들어가면서도 그것을 깨닫지 못한다."

말과 행동도 마찬가지입니다. 우리가 생각하고 말하고 행동하는 것이 차곡차곡 쌓이다 보면 그것이 우리의 업이 됩니다. 그래서 항상 바르게 행동하고 잘못된 습관에 물들지 않도록 경계해야 합니다.

불교는 수행을 근간으로 하는 종교입니다. 그런데 '수행은 스님이나 하는 것이지, 출가도 안 한 사람이 무슨 수행이냐?'고 하는 분이 많아요. 그저 부처님 앞에 엎드려 복을 구하거나, 스님에게 보시해서 공덕을 짓는 정도로 만족하는 경향이 있어요. 정말 중요한 수행을 외면하고 불교를 단지 복을 구하는 종교로만 믿는 거예요.

물론 절박한 경우도 있어요. 불교가 부처 되기 위해 수행하는 종교라 하더라도 당장 닥친 어려움이 있는데 다른 생각할 여유가 없는 거예요. 그 소원이 주로 어떤 건가요? 첫째가 자식이에요. 이 세상 모든 부모는 그저 아들딸 잘되기를 바라는 마음이에요. 이렇게 잘되기를 간절히 바라는 것을 기도라고 해요.

한편, 자성自性을 일깨워 부처가 되기 위해 노력하는 것을 수행이라고 합니다. 기도와 수행은 그 목적이 다릅니다. 기도의 목적이 나와 주변의 일이 잘되기를 바라는 것이라면, 수행은 부처님같이 우주의 이치를 깨닫기 위해 노력하는 것이라고 할 수 있어요. 그러나 하루 빨리 부처 되고 싶어서 절에 오는 사람은 별로 없어요.

궁극적으로 기도와 수행을 완전히 별개라고 보기는 어렵습니다. 하지만 수행을 한다는 것은 마음을 비워가는 것이기 때문에 할수록 욕심이 없어지는 반면, 기도는 욕심이 자꾸 생기는 경우가 많아요. 처음에는 한 가지 소원을 가지고 기도하지만, 그것으로 끝나지 않기 때문이에요. 예를 들어, 입시철에는 자녀가 대학에 꼭 합격하게 해달라고 기도합니다.

"부처님, 우리 애 꼭 합격하게 해주세요."

그 소원만 이뤄지면 만사형통일 것처럼 간절히 매달립니다. 그런데 소원이 이뤄지면 그걸로 끝일까요? 아니에요. 자녀가 대학을 졸업하면 취직도 해야 하고, 취직하면 결혼도 해야 하고, 결혼하면 아이도 낳아야 해요. 소원이 끝이 없고 욕심이 끝이 없어요.

하룻밤 기도를 하는데도 생각이 자꾸 바뀌고, 소원도 왔다 갔다 하다가 날이 새버려요. 마음을 비우고 한 가지만 잘해도 열 가지, 백 가지가 잘될 거라는 걸 믿어야 합니다.

병원에 가서 의사 말을 안 듣고 치료 잘 되는 사람 못 봤고, 부처님 가르침을 제대로 듣지 않고 훌륭한 불자가 되는 것 못 봤어요. 모든 것은 믿음에서부터 출발합니다. 무엇을 믿어야 할까요? 부처님도 믿어야 하고, 스님도 믿어야 해요. 남편도 믿어야 하고, 아내도 믿어야 하고, 자식도 믿어야 해요. 심지어 이웃까지도 믿어야 합니다. 세상에서 가장 불행한 사람은 의심으로 가득 찬 사람이에요. 부처님은 이 세상을 완벽하게 믿으신 분인데, 그러려면 자기 스스로 온전해져야 합니다. 그래야 상대를 믿을 수 있어요.

믿음은 자기 행동에 대한 결과를 믿는 것이기도 합니다. 약을 먹는 사람은 '이 약을 먹으면 분명히 낫는다'고 믿어야 하듯, 부처님을 믿는다면 의심하지 말고 확실히 믿어야 해요. 그래야 성실한 노력이 나올 수 있고, 그런 노력을 통해서 좋은 결과를 얻을 수 있기 때문입니다.

만약 봄에 씨앗을 심으려는 사람이 의심으로 가득 차 있다면 어떨까요?

'이건 아마 안될 거야. 올해는 가뭄이 심해서 싹이 나기도 힘들 거고, 싹이 나도 말라죽어버릴 거야.'

이런 사람이라면 봄에 파종할 의지도 없을 것이고, 따라서 가을에 아무런 결실을 보지 못할 거예요.

믿음이라고 하는 건 이렇게 중요합니다. 우리가 법당에 모여 법회를 볼 수 있는 것도 믿음이 있기 때문에 가능한 거예요. 법당이 무너지지 않을 거라는 믿음, 그래서 지금 내가 안전할 거라는 믿음이 없다면 어떻게 법당 안에 편안히 있겠어요? 믿음이 없으면 절대로 그럴 수 없어요.

긍정적인 마음으로 믿고 살아야 합니다. 그렇지 않으면 나도 피곤하고, 주위 사람도 피곤해요. 믿음은 궁극적으로 나 자신을 편안하게 해줍니다. 긍정적인 마음에서 좋은 결과가 나오지, 부정적인 마음으로는 좋은 결과를 기대하기 힘들어요.

어떤 분이 저에게 상담을 요청했어요. 자기가 잘못한 게 하나 있는데 그것 때문에 아주 고통스러운 상황을 겪고 있다고, 어떻게 했으면 좋겠냐고 말이에요. 해결이 안 되니까 속이 터진다는 거예요. 그래서 제가 말했어요.

"받아들이세요. 잘못을 인정하고 어떤 과보든 기꺼이 받겠다는 마음을 가지세요."

그 말을 듣고 그분은 마음이 후련하다고 했어요. 특별한 말은 아니지만, 한 생각 돌이키면 거기에 자유가 있습니다. 속에 이것저것 담아두고 있어서 마음이 늘 무겁고 답답한 것입니다. 비워야 해요. 비우면 편안합니다.

불교는 비움으로써 채우는 종교입니다. 기도 역시 궁극적으로는 내 마음을 비우는 거예요. 절에서 기도할 때 스님들이 뭐라고 합니까? 여러 가지 소원이 있더라도 마음을 비우고 한 가지만 생각하라고 해요. 사실 수행자도 한 가지만 다짐하면 됩니다.

'영원히 변치 않는 부처님의 제자가 되겠습니다.'

이 한마디면 충분합니다. 그 마음 변함없이 바르게 가면 그 길이 곧 '부처의 길'이기 때문이에요. 부처님의 제자라면 부처님의 행을 닮아가야 하고, 그런 행이 쌓이다 보면 부처가 될 수 있는 거예요.

돌에 관한 명상, 2015

인연법을 깨닫는다면 삶이 달라집니다.
신의 뜻이라고 생각하면 믿음을 굳건히 하고
열심히 기도하는 것이 최선일 테고,
우연이라거나 운명이라고 한다면
특별히 노력할 일이 많지 않을 것입니다.
그러므로 인연법을 믿는 이는
누구보다도 정진할 수밖에 없습니다.
오직 내가 하는 바에 따라 결과가 달라지는데
누구를 원망할 것이며, 누구에게 기대겠습니까?

한 생각 돌이키면 거기에 자유가 있습니다.

긍정적으로 생각하세요.

마음에 이것저것 담아두고 있으니

늘 괴롭고 답답한 거예요.

비우면 편안해집니다.

물기 하나 없이 메마른 바위틈에서도 꽃은 핍니다.

그 꽃은 향기가 더욱 진해요.

기름진 들판에서 자란 열매보다

척박한 곳에 뿌리내리고 자란 열매가 더 값지잖아요.

우리네 인생도 마찬가지입니다.

나보다는 상대가 이롭기를 바라는 마음으로 살아보세요.

손해 보는 마음, 사양하는 마음으로 살아보세요.

그런 사람에게선 좋은 향기가 납니다.

값비싼 향수를 뿌리기보다

향기로운 마음을 가진 사람이 되세요.

마음을 청정히 가지면 세상을 보는 눈이 달라집니다.

세상을 탓하지 말고 세상을 보는 관점을 바꾸세요.

마음을 바꾸라는 말입니다.

마음을 바꾸면, 지금 이 자리에서 행복을 누릴 수 있습니다.

기적을 바라지 말고
진리를 따라가세요

불자라면 매사에 좀 사양할 줄 아는 마음으로 살아야 합니다. 내가 가지려고 하기보다는 상대방에게 양보하는 것이 불자의 미덕이에요.

요즘은 이기적인 행태가 미화되는 사회라서 그런지 '사양지심은 손해지심'이라는 말도 있어요. 사양하는 것은 손해니까 절대로 사양하면 안 된다는 우스갯소리예요. 그러나 불자라면 사양을 미덕으로 알고, 가능한 한 양보하는 마음으로 살아야 해요. 이것이 공덕이 되는 마음이에요. 욕심내지 않고 베풀고 나누는 사람은 모두로부터 찬사를 받을 수 있어요. 입으로는 봉사를 말하면서 실제로는 절대 손해 보지 않는 사람, 절대로 사양을 모르는 사람이 되어서는 안 돼요.

간혹 절에서 봉사하며 그걸 스님에게 인정받고 싶어 하는 분들이 있습니다. 봉사하고 대가가 돌아와도 내 것이 아니라고 사양하는 사람은 만인의 칭송을 받지만, 대가를 바라고 봉사했다가 이익이 기대에 못 미치면 자기 공을 몰라준다고 부처님까지 원망하는 사람이 있어요. 지옥이 먼 데 있지 않아요. 이런 잘못된 생각을 하는 순간 지옥문이 열리는 것입니다. 좋은 마음으로 열심히 봉사하고 보람을 느꼈으면 됐지, 스님이 알아주는 게 뭐 그렇게 중요한가요?

어떤 사람이 돈도 많고 외모도 출중했어요. 그러다 보니 사람들에게 존경받고 싶은 마음이 컸어요. 그런데 그에게 부족한 점이 딱 하나 있어요. 그것은 절대로 손해 볼 줄 모른다는 거예요. 주머니에 한번 들어온 돈은 꼭 움켜쥐고 내놓지 않으면서 남의 돈은 아까운 줄 모릅니다. 남의 걸로 생색을 내려고 하니까 사람들이 금방 눈치채고 그 속셈을 다 알아버려요.

요즘 세상에 머리 좋고 말 잘하는 걸로 존경받기는 어려워요. 그런 사람이 워낙 많기 때문이에요. 남에게 인정받으려면 좀 손해 볼 줄 알고 사양할 줄도 알아야 합니다. 내가 손해 본다는 것은 곧 남에게 베푼다는 의미입니다. 구체적으로 어떻게 하면 될까요? 내 자식에게 희생하듯 살면 됩니다.

누구나 자기 자식에 대해서는 어떠한 손해도 감수할 준비가 돼 있어요. 이런 마음으로 사람들을 대하는 것이 바로 보살행입니다. 어려운 일이기는 하지만, 그렇게 하려고 노력하다 보면 사람들에게 인정받고, 자신도 행복할 수 있어요.

바람직한 불자라면 겉으로 부드럽고 속으로 강해야 합니다. 부처님의 가르침이 옳다고 생각하면서도 누가 옆에서 부추기면 귀가 얇아서 이리 휘둘리고 저리 휘둘리는 사람이 있어요. 의지가 너무 약해서 그래요. 그러나 겉으로는 유약해 보이지만 의지가 강한 사람도 많습니다. 1년 365일 하루도 빠짐없이 '부처님과의 약속을 지키겠다'는 마음으로 정진하는 이가 바로 강철 같은 의지를 가진 사람이에요. 이런 사람은 뭐든지 성취할 수 있습니다.

일상생활에서도 마찬가지에요. 겉으로는 순응하는 듯 보여도 자기 주장을 꿋꿋이 지켜나갈 때 좋은 결과를 기대할 수 있어요. 날마다 시작은 하는데 사흘을 못 가는 '작심삼일'이 아니라, 한번 결심했으면 어떤 일이 있어도 해내려는 강한 의지가 필요해요. 어떤 사람은 듣는 것마다 좋다며 '이것도 하겠다, 저것도 하겠다' 욕심을 부리지만 그 결심이 채 며칠을 못 갑니다. '해보니까 별것 없네' 하고 치워버리니 그래서는 얻을 게 없습니다.

"저는 부끄럽지 않은 불제자가 되겠습니다."

스님 앞에서 이렇게 약속해놓고 다른 사람이 "아주 좋은 데가 있대. 거기 아주 용하대"라고 하면 단박에 넘어가서 마음이 흔들려요. 그렇게 흔들리는 마음으로는 아무것도 얻을 수 없습니다.

기적을 따라가지 말고 진리를 따라가야 합니다. 물론 기적이 나타날 수도 있어요. 그러나 그것은 일시적인 것이고, 일시적인

것은 진리일 수 없습니다. 진리라고 한다면 오늘도 참이고 내일
도 참이어야 해요. 물은 거꾸로 흐르지 않아요. 오늘도 그렇고
내일도 그렇습니다.

진정으로 행복을 얻으려면 욕구가 충족되기를 바라지 말고 스스로
열매를 가꾸고 거둘 줄 아는 불자가 되어야 해요. 그래야 후회하지 않
는 삶을 살 수 있어요.

불교는 비워서 얻는 종교입니다. 부처님께서는 물질로부터의 자유
를 통해서 우주의 이치를 꿰뚫어 아신 분이에요. 그런 이치를 배우지
않고 절에서 뭔가 이득을 보려고 한다면, 그 사람은 절이 아니라 시장
으로 가야 합니다. 물질로부터 좀 자유로운 삶을 살아야 행복할 수 있
어요.

어떤 것이 잘 사는 인생일까요? 시간이 지나고 난 다음에 후회 없는
인생이어야 해요. 말은 쉽지만 실천하기는 어렵습니다. 그래서 생각은
깊이, 행동은 무겁게 해야 합니다. 고려시대 최영 장군은 "황금 보기를
돌같이 하라"고 했어요. 이것은 물질에 대한 탐욕을 경계하라는 말씀
이에요. 이러한 교훈은 예나 지금이나 마찬가지이지만, 물질만능주의
가 팽배한 오늘날 더욱 유념해야 합니다. 마음이 편안하면 됐지 물질
적으로 조금 부족하면 어떤가요?

그런데 명분을 내세우기 시작하면 한도 끝도 없어요. 스님들도 노후

를 위해서 이런저런 준비가 필요하다고 하는 세상인데, 출가도 안 한 사람들에게 비우며 살라고 하는 게 과연 타당한 말일까요?

물론 인생을 살다 보면 물질이 필요합니다. 그런데 하나를 가지면 둘이 필요하고, 둘을 가지면 셋이 필요하게 돼 있어요. 남녀가 결혼하는 가장 큰 이유는 외로움 때문이라고 해요. 그래서 배우자를 만나 외로움이 해결됐으면 깨가 쏟아지게 잘 살아야 하는데, 시간이 지나면 그건 잊어버리고 오히려 서로의 존재를 귀찮아해요.

게다가 자식이 생기면 문제는 더 복잡해집니다. 둘이 살 때하고 또 달라요. 자식만큼은 잘 살게 해주고 싶어서 무리를 해서라도 많이 가르치려고 애를 씁니다. 그런데 그걸로 끝나지 않아요. 죽기 전에 재산이라도 좀 남겨줘야겠다는 생각으로 또 열심히 돈을 벌어요. 그렇게 물질에 대한 욕망이 크고 강하다 보니 양심을 속이게 되고, 그런 악업이 인생의 구렁텅이를 만들고, 그 구렁텅이에서 위험천만한 줄타기를 하고 있는 게 우리네 인생이에요.

"스님 법문을 들을 때는 다 맞는 말씀 같은데, 막상 돌아가서 실천하려고 하면 안 돼요."

머리로는 아는데 행동이 따라주지 않는다고 하죠. 왜 그럴까요? 업 때문이에요. 다른 말로 하면 굳어버린 습관이라고 할 수 있어요. 업이라는 건 강력해서 여간해선 거부하기 어려워요. 업을 녹일 수 있는 가장 좋은 방법은 수행 정진하는 것입니다.

핑계를 대자면 한이 없어요. 여름에는 더워서 못 하고, 겨울에는 추워서 못 하고, 봄에는 꽃놀이 가느라 못 하고, 가을에는 단풍놀이 가느라 못 하고, 만날 핑계만 대다가 아까운 세월을 다 보내요. 오늘이 내 인생의 마지막 날이라는 생각으로 하루하루 최선을 다하세요.

부처님의 전생 이야기를 보면, 수많은 생을 거듭하며 오로지 중생을 위해 희생하는 보살행을 실천하셨어요. 그러니 여러분도 하루아침에 부처가 되려고 하지 마세요. 불교를 머리로 이해하려 하지 말고 사소하더라도 실천하는 불자가 되어야 합니다.

다섯 가지만 지켜도
충분합니다

불교는 내면의 지혜를 발현함으로써 삶을 바꿔가는 종교, 스스로 노력하고 정진하는 종교입니다. 그냥 막연히 행복해지기를 바라지 말고, 정진하고 또 정진해서 스스로 답을 찾아보세요. 채우려고만 하지 말고 채울 수 있는 여건을 만들어야 하고, 복을 받으려고만 애쓰지 말고 복을 지어야 합니다. 복 짓는 사람은 저절로 복을 받게 돼 있어요. 그런데 복을 지으려는 생각은 뒷전이고 복을 받겠다는 욕심만 앞세우기 때문에 괴로움이 생기는 거예요.

불교는 깨달음의 종교입니다. 우리에게 완전한 지혜와 불성이 있다고 하는데, 부처님께서 이 세상에 오셔서 그러한 진리를 깨우쳐주지 않으셨다면 우리는 전혀 몰랐을 거예요. 불교가 부처님의 가르침을 듣고 깨치는 종교임에도 불자들이 진리를 듣는 데에 너무나 인색합니다. 교회 다니는 분들은 목사님의 설교를 듣기 위해서 일주일에 두세 번, 아낌없이 시간을 냅니다. 교인을 다 수용하지 못해서 여러 부로 나누어 예배를 보는 경우도 많다고 해요. 그런데 우리 불자들은 어떤가요? 한 달에 한 번은 고사하고 1년에 몇 번이나 절에 갈까요?

이런 이야기를 하니까 어떤 분이 제안을 했어요.

"선물을 좀 준비해서 주면 어떨까요?"

그분 말씀처럼, 선물을 준다면 정말 불자들이 법문을 들으러 올까요?

만약 선물을 바라고 절에 온다면 그는 진리라고 하는 큰 선물은 보지 못하고 겨우 물질이나 바라보는 어리석은 사람입니다. 법문을 듣는데 그리 인색해서야 어떻게 불법의 현묘한 이치를 이해하고, 그 말씀을 실천할 수 있겠어요?

몇 년 전 미국에서 우리 교민들을 만날 기회가 있었어요. 미국에는 큰 도시에 절이 좀 있지만 작은 도시에는 하나도 없어요. 교민사회는 주로 교회를 중심으로 교류가 이루어지기 때문에 불자들도 원만한 사회생활을 하려면 어쩔 수 없이 교회에 가야 하는 실정이라고 합니다.

그때 제가 만난 교민들은 불자가 아니었지만 대화 분위기가 아주 좋았어요. 다들 "이런 이야기를 좀 자주 들었으면 좋겠어요"라며 아쉬워했어요. 그들은 부처님의 가르침을 항상 가까이할 수 있는 우리를 부러워하는데, 국내에 있는 불자들은 기회가 너무 많아서 그런지 그 소중함을 모르는 것 같아요. 제가 교민들에게 특별한 말을 한 것도 아니에요. 누구나 바라는 행복에 대하여 불교의 관점은 무엇인지, 우리가 어떻게 살아야 하는지, 아주 기본적인 이야기를 했을 뿐인데 진지하게 경청하며 공감했어요.

수많은 절을 왜 그렇게 장엄하게 지어놨을까요? 보기 좋으라고 지어놓은 게 아니에요. 절에 와서 기도하라고, 열심히 수행하라고 그런 거예요. 그러니까 먹고사는 게 아무리 바빠도 절에 자주 가서 법문을 듣고, 어디서나 꾸준히 정진해야 합니다.

세속에 살면서 스님들처럼 수백 가지 계율을 지킬 수는 없지만 불자라면 기본적으로 오계를 지켜야 합니다.

첫 번째는 생명을 함부로 죽이지 않는 것입니다. 사람이나 짐승을 죽이는 것만이 살생은 아니에요. 넓은 의미에서 보면 이유 없이 남을 미워하는 것도 살생이에요. 상대방을 화나게 하면 세포가 몇 개나 죽는지 아세요? 부인이 바가지를 긁어서 남편을 화나게 하고, 남편이 성질을 돋워서 아내를 화나게 하는 것도 다 살생입니다. 부부싸움을 하다가 '너 속 좀 터져봐라' 하고 여자들이 주로 써먹는 방법이 입을 꼭 다물고 말을 안 하는 거라고 해요. 남편이 얼마나 답답하겠어요? 반면에 남편들은 화가 나면 일부러 집에 늦게 들어간다고 해요. 부인에게 '너도 한번 속 터져봐라' 이런 심보인 거예요. 그러니 참회해야 할 게 정말 많습니다.

두 번째는 도둑질하지 않는 것, 즉 주지 않는 남의 물건을 탐하지 않는 것입니다. 아무리 먹고살기가 힘들다 해도 도둑질은 악업이에요. 그 과보를 피할 수 없습니다. 옛말에 '견물생심'이라 했어요. 좋은 것을 보면 갖고 싶은 게 사람의 마음이에요. 그래서 항상 탐욕을 경계해야 합니다.

구인사에는 수백 명의 스님이 함께 생활하고 있는데 계율이 아주 엄격합니다. 음식을 나누는 데도 질서가 있어요. 바로 먹지 않으면 버려야 할 음식이라도 허락되지 않은 것은 절대로 먹지 않아요. 딸기를 수십 상자나 씻다가 상한 부분이 있어도 함부로 베어 먹지 않습니다. 일단 씻어서 고루 나누고, 큰스님 말씀이 있어야 비로소 먹을 수 있어요. 이렇게 생활하면 많은 사람이 모여 살아도 불만이 없습니다.

세 번째는 삿된 음행을 하지 않는 것입니다. 아내나 남편이 있는데 다른 이성과 부정한 관계를 맺는다면 그것은 악업을 짓는 일이에요. 부부간에 서로 신뢰를 지키고 순결한 사랑을 하라는 얘기입니다. 그런데 좀 지나친 경우가 있어요. 수행을 너무 열심히 한 나머지 본인이 세속에 있는지 출가를 했는지 구분을 못 하는 경우예요.

"스님, 수행을 하다 보니까 절대로 사랑을 하면 안 될 것 같아서 남편을 곁에 오지도 못하게 했거든요. 그랬더니 남편이 짜증을 내면서 절에 못 가게 해요. 어쩌면 좋을까요?"

정상적인 부부간의 사랑조차 회피할 정도라면 차라리 관계를 정리

하고 출가하는 편이 나아요. 그게 아니라면 서로가 마음의 벽을 쌓지 말고 편안한 관계가 되어야 합니다. 수행을 하면 할수록 나와 맺어진 인연을 소중히 여기고 조화롭게 살아가는 게 불자다운 삶이에요.

네 번째는 거짓말하지 않는 것입니다. 남을 이간질하는 말, 거친 말도 하지 말라는 것입니다. 좋은 말보다 나쁜 말이 훨씬 빠른 속도로 전파됩니다. 눈덩이처럼 커지고 왜곡되어 상대방을 비수처럼 찌르기도 하는데, 결국 나에게 괴로움으로 돌아옵니다. 옛날부터 입을 가리켜 '재앙이 들어오는 문'이라고 할 정도로 구업口業을 각별히 경계했어요.

가정에서나 직장에서나 늘 좋은 말만 하기는 어렵습니다. 말이 많으면 실수가 따르게 마련이에요. 그래서 말을 아껴야 하는 것입니다. "그 사람은 참 입이 무거워"라고 하면 그에게 믿음이 가잖아요. 그래서 부처님께서도 "혼자 있을 때는 생각을 조심하고, 여럿이 있을 때는 말을 조심하라"고 하셨습니다.

다섯 번째는 술을 마시되 정신이 혼미할 정도로 취하지 말라는 것입니다. 술은 대인大人의 음식이에요. 자기 마음을 충분히 다스릴 수 있는 사람만 먹을 자격이 있어요. 술을 마셔도 걸음걸이가 흐트러지지 않고, 마음이 들떠서 흥분하지 않고, 실수하지 않아야 합니다.

옛날에 어떤 남자가 집에서 혼자 술을 마시고 있었어요. 그런데 옆집 닭 한 마리가 담장을 넘어 그 집 마당으로 들어오는 게 아니겠어요. 평소 같으면 그러려니 했을 텐데 술에 취하고 보니 닭이 안줏거리로 보여서 잡아먹고 말았어요.

얼마 후 옆집에 사는 여인이 닭을 찾으러 왔어요.

"혹시 우리 닭 못 봤어요?"

"아뇨."

남자는 거짓말을 하고 음욕이 발동해서 옆집 여인을 성추행했어요. 도둑질하고, 살생하고, 거짓말하고, 삿된 음행까지 했으니, 그것은 술 때문입니다. 술 마시는 것 자체는 악업이 아니지만, 술을 마시면 여러 가지 악업을 지을 위험성이 높기 때문에 더욱 조심하라는 거예요.

이상 다섯 가지가 불자로서 지켜야 할 오계입니다. 바른 믿음을 가지고 계를 청정하게 지키면 나도 행복하고 남도 행복하고 수행의 성과도 바르게 성취될 수 있습니다.

사실 머리로는 이해하지만 실천하려면 쉽지 않아요. 법당에서 들을 때는 잘할 수 있을 것 같은데 집으로 가면 또 원래대로 돌아갑니다. 그래서 기도하고 수행해야 합니다. 마음을 바꾸려고 자꾸 노력해야 해요.

남편이 마음에 들고 안 들고 하는 것이 과연 남편의 문제일까요, 아니면 내 문제일까요? 사실 내 마음이 문제인데 남편을 탓합니다. 문제는 남들과 비교하는 내 마음에 있지 상대방에게 있지 않아요. 지금 내 현실을 다른 사람과 비교하는 데서부터 문제가 생깁니다. 남과 비교하지 않을 때, 있는 그대로 참모습을 볼 수 있어요.

이 세상에 '나' 자신보다 귀중한 존재는 없습니다.

내가 없으면 상대도 없어요.

내가 있으니까 부처님도 있지,

내가 없는데 부처님이 무슨 의미가 있겠어요?

남편이 귀한가요, 내가 귀한가요?

남편을 귀하게 생각하는 건 당연하지만,

나 자신이 귀하다는 사실을 잊지 말아야 해요.

자기를 과시하고 자만하는 것도 문제지만

자기 자신을 하찮게 여기는 것도 이익이 되지 않아요.

이 세상에 둘도 없는 나부터 사랑해주세요.

절에 와서 봉사하는 것만 공덕이 아니에요.

부처님 전에 시주하는 것만 공덕이 아니고,

배고픈 사람에게 밥 한 그릇 주는 것만 공덕이 아니에요.

어디에서나 최선을 다하면 그것이 공덕이 됩니다.

불자는 어딜 가나 불자이지,

절에 있을 때만 불자인 것은 아니잖아요?

허술한 지붕에 빗물이 스며들어 집을 망가뜨리듯,

어리석은 마음에 욕심이 스며들어 인생을 망치게 됩니다.

그러므로 거저 준다거나 쉽게 이루어진다는 말을 조심하세요.

삿된 유혹에 휘둘리지 않으려면 항상 깨어 있어야 합니다.

새해가 되면 해돋이를 보러 엄청난 인파가 동해로 몰려갑니다.

12월 31일에 뜨는 해와 1월 1일에 뜨는 해가 다른 걸까요?

해는 그냥 제시간에 뜨고 지기를 반복할 뿐입니다.

다른 게 있다면 해를 바라보는 우리의 마음이에요.

해가 새로운 게 아니라 내 마음이 새로워진 거예요.

날마다 새해처럼, 새로운 마음으로 살아가면 얼마나 좋을까요?

지난 일에 연연하지 말고 날마다 새롭게 태어나야 합니다.

진리의 장

돌에 관한 명상, 2004

세세생생 줄지 않는
참다운 재물

"스님, 속 터져 죽겠어요. 남편도 불자고 저도 불자인데 실천하는 방법이 너무도 달라요. 저는 기회만 있으면 법문을 들어야 한다고 생각하는데 남편은 아니에요. 온 우주가 다 내 집이고, 가는 곳마다 다 부처님이 계시는데 절에는 뭐하러 가냐고, 못 가게 해요."

어떤 분이 제게 하소연을 하셨어요. 그분의 남편에게 제가 묻고 싶은 게 하나 있습니다. 만약 불교가 그런 종교라면, 부처님께서는 왜 45년 동안 제자들에게 입 아프게 설법을 하셨을까요?

부처님의 전생 이야기를 담은 《자타카》라는 경전이 있습니다. 거기에 보면, 수많은 전생 어느 때에 부처님께서 설산동자로 태어나 고행하는 이야기가 나옵니다. 하루는 제석천이 동자를 시험해보려고 아주 무서운 귀신인 나찰의 모습으로 둔갑하여 하늘에서 내려왔어요. 그리고 과거 부처님의 가르침 중 하나를 읊어주었어요.

"제행무상諸行無常이니 시생멸법是生滅法이라."

'모든 것은 무상하니 이것이 생멸의 진리'라는 의미입니다. 설산동자는 환희에 차서 깨달음의 광명이 눈앞에 다가오는 것만 같았어요.

'누가 이런 훌륭한 법문을 하나?'

설산동자가 주위를 살펴보았으나 나찰 외에는 아무도 없었어요.

"지금 게송을 읊은 자가 바로 당신인가?"

"그렇다."

"그러면 나머지도 들려주시오. 만일 나를 위해서 게송을 전부 들려주면 평생 당신의 제자가 되겠소."

하지만 나찰은 너무 배가 고파서 한마디도 할 수 없다고 했어요. 설산동자는 무엇이든 가져다줄 테니 게송을 들려달라고 청했습니다. 나찰이 말하길, 자기는 오직 사람의 살과 피만 먹는다는 거예요. 설산동자는 잠시 생각하더니 조용히 말했어요.

"좋소. 나머지 게송을 마저 들려주시오. 그러면 이 몸을 기꺼이 당신에게 바치겠소."

"어리석구나 동자여. 겨우 게송 하나를 위해서 목숨을 바치려 하는가?"

"참으로 어리석은 것은 내가 아니라 당신이오. 옹기그릇을 깨어 금그릇을 얻는다면 누가 옹기그릇 깨는 것을 망설이겠소. 무상한 몸을 버리고 진리의 몸을 얻으려는 것이니, 어서 나머지를 들려주시오."

나찰은 지그시 눈을 감고 목소리를 가다듬어 나머지 부분을 읊었습니다.

"생멸멸이生滅滅已하면 적멸위락寂滅爲樂이니라."

'생멸을 넘어선 그 자리에 진정한 즐거움이 있다'는 의미입니다. 게송을 읊은 나찰은 지체 없이 설산동자의 육신을 요구했어요. 이미 죽음을 각오한 설산동자는 전혀 두렵지 않았습니다. 그 게송을 세상에 남기기 위해 바위와 돌, 나무에 새겨놓고 절벽 끝으로 가서 나찰이 있는 곳을 향해 몸을 던졌어요. 그러자 나찰은 설산동자의 몸이 땅에 떨어지기 전에 제석천의 모습으로 돌아가 그를 고이 받아 땅 위에 내려놓았어요. 그리고 수많은 천신과 함께 설산동자의 발아래 엎드려 예경하며 찬탄했다고 합니다.

이와 같이 부처님도 전생에 수많은 선지식의 가르침을 듣고 또 들었으며, 목숨을 걸고 거듭 듣고 깨우쳐 성불할 수 있었던 것입니다.

요즘 불자들은 부처님의 가르침을 들으려고 애쓰는 것이 아니라 엉뚱한 데에 관심을 갖는 것 같아요. 세상에서 가장 불행한 사람이 누구일까요? 진리를 모른다는 그 사실조차 모르는 사람이에요. 그래서는 인생의 괴로움에서 벗어날 희망이 없어요.

많이 아는 사람과 전혀 모르는 사람이 만나 이야기하면 누가 더 답답할까요? 아는 사람이 더 답답합니다. 그 길로 가면 분명히 고통이 기다리고 있는데, 그 사실을 모르고 계속 가는 것을 볼 때 너무도 안타까운 거예요. 해야 할 공부는 안 하고 엉뚱한 짓만 하는 자식을 보면 부모가 답답합니다. 그렇게 살다가는 분명히 머지않아 후회할 텐데 아무리 타일러도 깨닫지 못 하니 얼마나 속이 터지겠어요.

부처님의 심정도 그와 같을 거예요. 열심히 듣고 실천하면 괴로움에서 벗어날 수 있는데 실천은커녕 들으려고도 하지 않는 우리를 보고 얼마나 안타까우시겠어요?

어디에서 돈 버는 법에 대해 강의한다면 눈에 불을 켜고 찾아다녀도, 인생의 진리를 들려준다고 하면 재미없다고 외면하는 사람이 많아요. 어떤 것이 진짜 이익일까요? 수십억 아니라 수백억을 벌어도 죽을 때 가져가지 못해요. 기술이 아무리 발달한들 저승으로 송금할 수도 없어요. 그런 무상한 재물에 욕심을 낼 것이 아니라 세세생생 줄지 않는 참다운 재물, 즉 진리의 가르침을 듣고 배우려는 욕심을 내야 합니다.

부처님의 가르침을 듣는 한 시간이 별것 아닌 거 같아도 이런 시간이 1년, 10년, 꾸준히 쌓인다면 어떨까요? 한평생 살면서 가장 큰 공덕으로 빛나는 보물이 될 것입니다. 진리의 말씀을 듣고 마음에 담아두기 시작하면 어느 순간 크게 달라진 자신의 모습을 발견할 수 있을 거예요.

　조심할 것은, 바른 가르침인지 아닌지 잘 가려서 들어야 한다는 것입니다. 잘못된 가르침을 들으면 잘못된 방향으로 갈 수밖에 없고, 잘못된 것을 진리라고 착각하면 큰 문제가 됩니다.

　부처님 당시에 사람을 아흔아홉 명이나 죽인 살인마 앙굴리말라가 있었는데, 그도 원래부터 악한 사람은 아니었어요. 스승으로부터 잘못된 가르침을 받았기 때문에 그렇게 엄청난 죄를 지은 거예요. 우리 주변에도 보면 사람은 착한데 어디서 이상한 이야기를 듣고 어이없는 일을 저지르는 경우가 종종 있습니다. 그래서 바른 가르침은 아낌없이 들어야 하지만, 삿된 가르침은 과감하게 잘라버리는 용기가 필요합니다.

끝까지 순탄하기만 한
인생은 없습니다

착하게 살면 누구나 극락에 간다고 합니다. 그런데 중요한 것은 어떤 것이 진정으로 선한 마음이냐 하는 거예요. 선한 마음은 긍정적인 생각에서 나옵니다.

극락과 지옥의 차이는 무엇일까요? 매사에 긍정적인 사람은 극락에 사는 것이고, 매사에 부정적인 사람은 지옥에 사는 거예요. 그러므로 세상을 보되 긍정적으로 볼 줄 알아야 합니다.

남이 하는 일은 무조건 반대하며 못마땅해하는 사람이 있습니다. 상대의 행동이 눈에 좀 거슬리고 못마땅하더라도, 미운 생각이 들고 화가 나더라도, '그럴 수도 있지'라고 이해할 줄 아는 아량이 필요해요. 화를 내서 이로울 게 하나도 없기 때문이에요.

부처님께서는 성내는 마음을 독이라고 표현할 정도로 경계하셨어요. 뱀의 독은 몸을 해칠 뿐이지만 분노의 독은 세세생생 고통의 원인이 됩니다. 나 자신을 위해서라도 분노보다는 이해와 용서가 필요합니다. 내 생각이 옳다고 고집하며 갈등하고 반목하기보다 상대방 입장에서 생각하고 이해하는 마음을 내면 내가 편안해집니다.

새해가 되면 해돋이를 보려고 엄청난 인파가 동해로 몰려갑니다. 12월 31일에 뜨는 해와 1월 1일에 뜨는 해가 다른 걸까요? 해는 그냥 제시간에 뜨고 지기를 반복할 뿐입니다. 다른 게 있다면 해를 바라보는 우리의 마음이에요. 해가 새로운 게 아니라 내 마음이 새로워진 거예요. 날마다 새해처럼, 새로운 마음으로 살아가면 얼마나 좋겠어요? 지나간 일은 미련 없이 보내주고 다가오는 시간을 새롭게 맞이하는 지혜가 필요해요. 과거에 연연하지 말고 날마다 새롭게 태어나야 합니다.

젊은 사람은 인생이 길게 느껴지지만, 나이를 먹을수록 세월이 점점 빨리 간다고 해요. 모두들 한평생 바쁘게 살아가는데, 과연 무엇을 위해 이토록 애쓰고 있나요? 한 푼이라도 더 벌겠다고, 자식에게 조금이라도 더 물려주겠다고 애를 쓰지만, 그게 뜻대로 되던가요? 그런데도 우리는 항상 막연한 기대감을 안고 살아갑니다. 어쩌면 그렇게 속고 사는 게 인생인지도 몰라요. 그러나 아무리 노력해도 욕심으로는 채울 수 없습니다. 채워도 채워지지 않는다면 오히려 비움으로써 채워야 합니다.

고등학교 때부터 절에 다녔다고 하는 분이 있어요. 부모님의 영향을 받아서 자연스레 인연이 되었던 거예요. 그분이 종교에 남다른 관심을 가지고 여러 종교 서적을 읽어보았는데 참 이상하더랍니다. 여느 종교와 달리 불교는 기적을 말하지도 않고, 부처님의 일대기를 읽어봐도 그냥 인간의 삶을 이야기하고 있더라는 거예요. 너무 밋밋하더라는 것입니다.

'과연 기적을 말하는 종교를 믿어야 하나? 아니면 인간의 보편타당한 삶 속에서 지혜를 말하는 종교를 믿어야 하나?'

이렇게 갈등하다가 부모님의 신앙을 외면할 수 없어서 그럭저럭 불교와 인연을 이어왔다고 했어요. 그런데 훗날 철들고 나서 보니, 세상은 기적이 아니라 법칙과 원리대로 돌아간다는 사실을 깨닫게 됐어요. 그래서 비록 흔들리긴 했지만 불교와 인연을 잘 유지해온 것이 다행이라고 했어요. 저는 그 평범한 불자의 말에 큰 감동을 받았어요.

불교는 기적을 행하는 종교가 아니라 원리를 존중하는 종교, 법칙을 실천하는 종교입니다. 기적을 바라거나 결과만 생각하는 사람은 뭔가 갈구하는 기도를 할 수밖에 없어요. 하지만 법칙을 존중하고 원리를 받아들이는 사람은 지혜를 얻으려고 노력합니다.

강을 건너려는 사람이 발만 동동 구르면서 누군가가 건네주기를 바라고 있다면 그는 기적을 바라는 사람이에요. 그러나 원리와 법칙을 존중하는 사람은 차근차근 수영하는 법을 배웁니다. 이것이 불교예요. 처음부터 수영할 줄 아는 사람은 없어요. 강을 건너야 한다면 절대자에게 의지하거나 막연한 기적에 매달리지 않고 스스로 강을 건너려고 노력하는 것이 정진입니다. 그리고 정진을 통해서 지혜가 완성되는데, 이것이 바로 성불의 길입니다.

돌이 물에 가라앉지 않게 하려면 기적이 필요할까요? 어리석은 사람은 기적을 바라거나 '어차피 가라앉을 수밖에 없다'고 포기하지만 지혜로운 사람은 배를 띄웁니다. 그리고 배 위에 돌을 올려놓습니다.

지혜는 내면의 성찰을 통해서 발현됩니다. 부처님께서 이 땅에 와서 가르치고자 하셨던 것이 바로 그런 지혜의 발현입니다. 우리가 열심히 기도하고 정진하는 것도 모두 그런 지혜를 얻기 위해서입니다. 괴로움에서 벗어나는 길, 행복의 길을 밖에서 찾을 게 아니라 자기 내면에서 찾아야 합니다.

간혹 나는 아쉬운 게 아무것도 없어서 수행이 필요 없다는 사람들이 있습니다. 하지만 앞날은 모르는 것이고, 끝까지 순탄하기만 한 인생도 없어요. 현명한 사람은 잘되면 잘되는 대로, 못되면 못되는 대로 변함없이 정진합니다. 그렇게 지혜를 완성해가야지, 고통을 만나고서 뒤늦게 매달린다면 힘들기도 하지만 잘 되지도 않습니다. 수행을 내일로 미루지 마세요.

돌에 관한 명상, 2014

아무리 학식이 높고 교양이 넘친다 하더라도
욕심을 누르지 못하면 아름답지 못합니다.
아무리 재산이 많고 명예가 높다 하더라도
욕심을 버리지 못하면 추할 뿐입니다.
우리가 가지고 있는 많은 것들을 잊어버리고
자꾸 없는 것만 탓하는데,
찬찬히 돌아보면 우리가 가진 것이 참 많습니다.
만족할 줄 아는 것, 감사할 줄 아는 것,
그것이 진정한 지혜가 아닐까요?

—

사과나무에서 사과가 떨어지는 것은 당연한 일입니다.

누구든지 알 수 있는 일이고, 모두가 인정하는 사실이에요.

진리는 이런 것입니다.

콩 심은 데 콩 나고, 팥 심은 데 팥 나는 것이 바로 진리입니다.

—

그림자가 몸을 따라 움직이듯,

선행을 한 사람에게는 선한 과보가 따르고,

악행을 한 사람에게는 악한 과보가 따릅니다.

자기가 잘못을 저질러놓고 누가 해결해주기를 바란다면

그것은 진리를 믿는다고 할 수 없습니다.

내가 지은 업의 과보는

내가 받아야 한다고 가르치는 것이 불교입니다.

진리의 가르침을 많이 듣지 않으면 세상을 바로 볼 수 없고,

인생을 이해하는 폭이 좁을 수밖에 없습니다.

하나를 듣고 바르게 이해하면 하나의 지혜를 얻는 것이고,

열을 듣고 바르게 이해하면 열 가지 지혜를 얻는 거예요.

지혜의 눈을 뜨면 그만큼

괴로움은 줄어들고 행복은 커지게 마련입니다.

우리는 모두 각자 살아온 환경도 다르고,

경험도 다르고, 생각도 다르고, 업도 다른 존재들입니다.

그러므로 다르다는 것을 인정하되,

틀렸다고 비난해서는 안 돼요.

차이는 인정하되 차별해서는 안 되는 것입니다.

얕은 지혜로
저울질하지 마세요

불교는 부처님을 의미하는 '불佛', 진리의 가르침을 의미하는 '법法', 그리고 부처님을 따르는 승단을 의미하는 '승僧', 이렇게 삼보로 이루어집니다. 여기서 '승'은 넓은 의미로 볼 때 출가한 스님뿐 아니라 재가불자도 포함하는 사부대중을 뜻한다고 할 수 있어요. 우리가 부처님께 삼배하는 것은 불법승 삼보에 절하는 것이니까 세 번째 절은 스님에게만이 아니라 옆에 있는 도반에게 하는 것과 같습니다.

우리가 절을 하는 이유는 무엇일까요? 절을 하면 하심하게 되고, 마음이 청정해집니다. 상대방이 미울 때 절을 해보세요. 어떤 일로 속이 상하거나 마음이 답답할 때도 마찬가지예요. 절은 우리를 진실하게 하고 선하게 합니다. 특별한 날이나 특별한 자리에서만 절할 필요는 없어요. 상대를 존중하는 마음으로 절하면 상대의 마음도 움직일 수 있습니다. 지극한 정성이 감동을 주는 거예요.

모름지기 불자라면 절에 자주 가서 스님의 법문을 많이 들어야 합니다. 이것은 불자의 의무이기도 합니다. 이치를 모르면 제대로 살아갈 수 없기 때문입니다. 궁금한 게 있거나 힘든 일이 있으면 언제든지 절에 가서 스님에게 물어보세요. 스님을 번거롭게 하기 싫다는 분도 있는데, 괜찮아요. 불자들의 고민을 들어주는 것이 스님의 당연한 역할이에요. 불자들이 와서 자꾸 물어봐야 스님도 복을 지을 수 있는 것입니다.

절이라는 공간은 불자들이 주인인 곳입니다. 자주 가야 배우는 것도 있고, 자주 가야 느끼는 것도 있어요. 아쉬운 일이 있을 때 어쩌다 한 번 가게 되면 영 서먹서먹합니다. 절을 내 집처럼 생각하고 기회가 있을 때마다, 아니 기회를 만들어서라도 자주 가야 합니다.

스님의 법문을 '들어봤자 그 말이 그 말'이라며 소홀히 여기는 분들이 있어요. 법문을 외면하면 부처님의 가르침을 어떻게 알겠으며, 부처님 가르침도 모르면서 어찌 불자라 하겠어요? 얕은 지혜로 '좋은 법문이냐 아니냐' 저울질하지 말고, 어제 들은 이야기를 오늘 또 듣는 한이 있더라도, 스님의 법문을 귀중하게 여겨야 합니다.

그리고 세상의 잣대로 스님을 평가하지 마세요. '저 스님은 잘생겼네, 못생겼네. 키가 크네, 작네.' 그런 게 뭐가 중요하나요? 스님은 그냥 스님으로 보세요. 잘생겨도 스님이고 못생겨도 스님이에요. 겉모양으로 분별하는 것 자체가 어리석음입니다.

스님은 진리의 법을 청하는 대상이에요.

"스님, 어떻게 해야 괴로움에서 벗어나 편안할 수 있을까요?"

"어떻게 사는 것이 바른 도리인가요?"

"어떻게 하면 마음이 청정해질 수 있나요?"

이런 것을 물어야 하는데 엉뚱하게도 '스님은 왜 출가하셨어요?' '어쩜 그렇게 피부가 좋으세요?' 이런 것만 궁금해하는 분들이 많습니다. 그런 것들이 지혜를 증득하는 데 무슨 도움이 되나요?

저는 특별한 사연이 있어서 출가한 것도 아니고 해서 사실 그대로 이야기를 해줘도 여전히 호기심을 버리지 못해요. 조건이나 인물을 따지지 말고 스님의 법을 보고 다녀야 합니다. 법상에 올라 법문을 하시거든 열심히 들으시면 됩니다.

저는 직접 찾아와 법문을 청하는 분들을 보면 기분이 좋아요. 서로 묻고 답하는 것이 참으로 행복한 시간이에요. 차 한잔 마시면서 이야기를 나누다 보면 실제로 그분에게 필요한 이야기를 들려줄 수 있다는 장점도 있어요.

사실 제일 어려운 법문은 공식적인 법회에서 대중을 상대로 하는 법문이에요. 사람들이 잘 듣는지 마는지, 무엇을 원하는지도 모르면서 그냥 제 이야기만 일방적으로 할 수밖에 없으니까요. 그런데 직접 마주 앉아서 대화하면 듣는 사람도 속이 시원하고 말하는 사람도 보람을 느낍니다.

그러니까 법회에 정기적으로 참석하는 것도 중요하지만, 개인적으로 궁금하거나 답답한 것이 있을 때는 스님을 찾아가 물어보도록 하세요. 절에 자주 가면 갈수록, 법문을 많이 들으면 들을수록 큰 복덕이 됩니다.

조약돌은 파도를
두려워하지 않는다

많은 분들이 저에게 물어봅니다.

"스님, 어떻게 살아야 잘 사는 겁니까?"

우리는 저마다 인연 과보에 따라서 살아가게 돼 있어요. '인因'이라고 하는 직접적인 조건과 '연緣'이라고 하는 간접적인 조건이 만나서 행복과 불행을 만드는 거예요.

콩을 예로 들어볼까요? 콩은 저 홀로 그냥 놔두면 모양이 변하지 않아요. 그러나 어떤 인연을 만나게 되면 아주 다양한 변화를 겪습니다. 공장으로 가면 콩나물이 되고, 밭으로 가면 더 많은 콩으로 자라나고, 방앗간으로 가면 콩가루가 되고 말아요. 우리 인생도 그와 같습니다. 언제 누구를 만나느냐에 따라 운명이 바뀌기도 해요. 그래서 이 간접적인 조건들, 즉 '연'이 참으로 중요합니다.

사람과 사람이 만나는 것만 인연이 아니에요. 일차적으로 '나'라고 하는 존재가 '인'이고, 나를 중심으로 해서 만나게 되는 여러 조건(사람이든 물건이든 환경이든)이 다 '연'이 됩니다. 그래서 입던 옷조차도 함부로 버리면 안 돼요. 그 옷도 하나의 '연'으로서 나에게 도움을 주던 것인데 이제 쓸모없다고 함부로 버리면 돌고 돌아 나중에 더러운 모습으로 나에게 올 수 있습니다. 깨끗하게 버려야 깨끗하게 회향될 수 있어요.

받는 것은 물론 버리는 것까지도 청정해야 합니다. 다시는 안 만날 것 같아도 또 만나게 되는 게 인연이고 인과이기 때문입니다. 그래서 사람과의 관계뿐 아니라 물건, 환경 등 모든 만남과 헤어짐이 다 인연이라는 것을 잊지 마시기 바랍니다.

우리 마음이라는 게 참 묘합니다. 바르게 지켜가면 청정한 상태를 유지하지만, 한번 어긋나기 시작하면 한도 끝도 없이 흐트러질 수 있어요. 그래서 계행戒行이 중요한 것입니다. 계행은 나 자신을 바르고 청정하게 해줄 뿐 아니라 주변도 청정하게 해주는 근본이 됩니다. 말 한 마디도 조심하는 것이 계행이고, 세수하고 밥 먹는 것까지도 모두 계행이라 생각해보세요.

"아유, 스님 말씀대로 하려면 숨이 막혀 죽겠어요."

그렇게 숨이 막힐 정도로 하라는 게 아니라 계를 벗어나지 않을 정도로 적당히 긴장하며 살아갈 필요가 있다는 거예요. 이 세상에서 가장 소중한 존재, 나의 행복을 위해서 말입니다.

계행 중에 가장 중요한 것은 역시 말조심이에요. 우리가 살아가면서 가장 문제가 되는 것은 말 때문에 생기는 갈등과 괴로움입니다. 입단속만 잘해도 큰 허물은 없어요. 입이 무거워야 좋은데 그걸 알면서도 참 마음대로 안 돼요. 그래서 자꾸 실수합니다. 입을 꾹 다물고 넘어가면 공덕이 될 수 있는데, 그걸 못 참아요. 벙어리처럼 살라는 게 아니라, 입을 재앙의 문으로 쓰지 말고 복을 부르는 문으로 써야 한다는 거예요.

남에게 조금이라도 상처가 될 만한 얘기라면 아예 입 밖으로 내지 말아야 합니다. 남을 아프게 하면 결국 나도 아플 수밖에 없기 때문입니다. 말을 하고 싶어서 도저히 못 참겠다면 그냥 염불을 하면 됩니다. '관세음보살'을 열심히 부르다 보면 업장이 녹아 마음이 편안해지니, 쓸데없는 말로 시간 낭비하지 말고 열심히 염불하세요.

말과 함께 중요한 것은 마음, 특히 상대가 잘되기를 바라는 마음입니다. 사촌이 땅을 사면 축하해주세요. 남이 잘되기를 빌어주는 것도 큰 공덕을 짓는 일입니다. 지혜로운 사람은 하는 일마다 복을 짓는데, 어리석은 사람은 하는 짓마다 화를 부릅니다. 무명無明이라는 것, 어리석음이 이렇게 무서운 것입니다.

내 자식이 잘되기를 바란다면 남이 잘되기를 기원해주세요. 누구네 아이가 좋은 대학에 갔다 하면 겉으로는 축하한다고 해놓고, 돌아서서

배 아파 어쩔 줄 모르는 사람들이 많아요. 남이 안되기를 바라지 말고 잘되기를 바라야 합니다. 이것이 공덕이 되는 마음이에요. 한 마음 잘 내면 복이 되고, 한 마음 잘못 내면 업이 되는데, 이왕이면 복이 되도록 살아야 하지 않을까요?

'호사다마'라는 말도 있듯이, 좋은 일을 좀 하려고 하면 마구니가 방해를 합니다. 저에게 따지는 분도 있어요. 좋은 마음으로 절에 왔는데 사람들 때문에 상처 받는다고요. 그럴 수 있어요. 그게 마구니입니다.

절에 나와서 봉사를 하다 보면 별소리가 다 들립니다. 공양간에서 열심히 설거지하는 분에게 빈정대는 사람도 있어요.

"저리 열심히 하는 걸 보니 뭐 생기는 게 있나봐. 그러지 않고서야 저럴 리 없지."

그런 말을 들으면 순수한 마음으로 봉사하던 사람은 상처를 받습니다. 그래서 눈물까지 보이며 스님에게 하소연합니다. 절에 다녀야 할지 말아야 할지 괴롭다고요.

그렇지만 이렇게 생각해보세요. 절에 오니까 갈등도 생기지, 집 안에만 있으면 그런 소리를 들을 일이 없습니다. 한여름 뙤약볕에 땀을 흘려야 농사가 되듯, 인생도 그런 거예요. 욕먹지 않고 살려면 아주 좋은 방법이 있습니다. 이불 속에서 안 나오면 그만입니다. 그러면 비난받을 일도 없지만 발전도 없습니다.

바닷가 조약돌은 파도를 피하면 결코 둥근 모양이 될 수 없어요. 파도가 와서 때릴 때 주변에 있는 돌들과 서로 부딪쳐야 매끄럽고 둥근 모양이 되듯이, 수행도 마찬가지입니다. 수행이란 어려운 과정을 견뎌내서 그 이상을 만들어가는 노력이에요. 삼복더위에 밭을 매는 농사도 어려운데, 하물며 보이지 않는 마음밭을 갈고닦는 게 어찌 쉽기만 하겠어요? 그래서 수행은 인욕忍辱하지 않으면 안 되는 거예요.

수행하는 데 마魔 없기를 바라지 말라. 수행하는 데 마가 없으면 서원이 굳건해지지 못하나니, 그래서 성인께서 말씀하시되, '모든 마군으로써 수행을 도와주는 벗을 삼으라' 하셨느니라.

〈보왕삼매론〉에 나오는 말씀처럼, 부처님과 같은 진리의 길을 가려는 사람은 마구니를 수행의 벗으로 삼아야 합니다. 산고도 없이 자식을 얻을 수는 없잖아요. 인생도 그렇고, 수행도 그렇습니다. 고통을 피하려 하지 말고 그걸 뛰어넘어야 합니다.

간절함이
가피를 부릅니다

기적을 찾아다니는 사람은 진정한 불자라고 할 수 없어요. 자업자득이라는 말처럼, 내가 짓고 내가 받는다는 것이 부처님의 가르침이에요. 그런데 어디 가면 뭐가 신기하게 이뤄지지 않을까 해서 쫓아다니는 분들이 많아요. 영험한 절이 따로 있는 게 아니에요. 불자들이 와서 열심히 기도하면 거기에 가피가 있고, 거기에 영험이 있어요. 기적은 우리가 스스로 만들어가는 거예요. 노력하지 않는 자에게 기적은 절대로 일어나지 않습니다.

기적을 내세워 사람들의 마음을 현혹하는 것은 인간의 욕심을 이용하는 거예요.

"어디 가면 용한 데가 있다더라."

그런 말에 휘둘리지 마세요. 우리 마음속에 탐진치 삼독이 쌓여 있어서 그렇지, 마음을 청정히 하면 그곳에 기적이 있어요.

세상에는 의학적으로 도저히 치료할 수 없는 불치병을 앓는 사람들이 있습니다. 그러나 그런 경우에도 간절함과 정성이 극에 달하면 뜻밖의 결과가 나올 수 있어요. 사람들은 기적이라 부르지만, 그것은 하늘에서 내려준 기적이 아니라 마음으로써 불가능을 가능케 하는 것입니다. 그래서 옛날 큰스님께서는 이 세상 탕제 중에 가장 좋은 탕제는 '심신강화탕'이라고 하셨어요. 마음의 탕제야말로 가장 좋은 약이라는 말씀이에요.

병 가운데 가장 큰 병이 무엇일까요? 바로 마음의 병입니다. 그러나 마음의 탕제는 그 어떤 불치병도 이겨낼 수 있는 가피가 있어요. 나의 마음으로 가피를 입고, 나의 마음으로 기적을 만드는 거예요. 정말 간절한 마음으로 정진한다면 어디에서나 기적이 일어나고 소원이 성취됩니다.

그런데 자기 마음을 돌아보지 않고 부처님을 탓하는 사람들이 많아요. 예전에는 소원이 잘 이뤄졌는데 요즘에는 신통치 않다고 불평을 해요. 본인 마음이 문제인 줄 모르고 부처님의 가피가 잘못됐다고 합니다. 항상 처음 마음을 잃지 말아야 해요. 처음 발심하던 때 그 마음을 지켜간다면 깨달음을 성취하는 데 큰 힘이 됩니다.

예전에는 천태종 총본산인 단양 구인사에 가려면 불편하기 짝이 없었어요. 지금처럼 다리도 없어서 배를 타고 강을 건너야 했어요. 힘들게 다니던 그 시절에는 소원이 잘 이뤄졌는데 요즘엔 그렇지 못하다고 들 합니다. 옛날에 구인사 가던 마음하고 요즘 구인사 가는 마음이 같을까요? 다릅니다. 예전의 그 마음이 아니에요.

구인사 가는 길이 예전에 비해 엄청나게 좋아져서 소요시간이 많이 줄었어요. 그러면 절약한 시간만큼 기도에 집중해야 할 텐데 그렇지 않아요. 너무 편하게 가다 보니 부처님 뵈러 간다는 사실을 잊어버리고 '오늘 간식은 떡을 줄까, 빵을 줄까' 그런 것만 생각하고 있어요. 어렵게 다니던 시절에는 오직 부처님만 생각했는데 이제는 그 목적을 잊어버렸어요. 삼삼오오 모여서 수다 떠는 재미로 가는 분도 있어요. 부처님 뵙기를 갈망하는 오직 한마음이어야 불보살님도 감응하실 텐데, 쓸데없는 생각으로 가득 차 있으니 거기에 무슨 가피가 있겠어요?

구인사에 도착해서는 좀 느긋해야 합니다. '누가 뭐래도 나는 정성을 드리러 왔다'는 마음으로 참배해야 해요. 그런데 사람들 속을 밀고 당기고 헤집고 다니느라 정신이 없어요. 정성이 담기지 않은 참배는 형식에 불과합니다. 차분하게 순서를 기다리고, 오롯한 마음으로 절하고 돌아와야 제대로 된 참배라고 할 수 있어요. 그저 빨리 참배하고 내려갈 생각으로 허둥지둥 바쁜 사람에게 어찌 가피가 있겠어요?

항상 마음을 잘 살펴야 합니다. 부처님의 가르침을 잘 받아들일 수 있는 마음자리인지 살펴서 내 마음을 바른 그릇으로 만들어야 해요. 마음을 청정하게 비워 바른 그릇으로 만들면 거기에 바른 법이 담기는 거예요. 비워지지 않은 마음에는 절대로 바른 법이 담길 수 없어요. 절은 언제나 그대로이고 부처님께서는 항상 여여하십니다. 다만 변하는 것은 우리 중생의 마음이에요.

돌이켜보면, 저도 처음에 구인사로 출가했을 때는 누가 일을 시켜도 싫지 않았고, 그저 이름만 불러줘도 행복했어요. 그런데 지금은 그렇지 않아요. 법法이 커야 하는데 오히려 상相을 키우고 있는 건 아닌지 항상 조심스러워요. 출가 수행자인 저도 이러한데 재가불자들은 얼마나 흔들리겠어요? 법이 알맹이라면 상은 껍데기입니다. 절에 다니면서 알맹이가 아닌 껍데기, 즉 아상만 키우지나 않는지 늘 경계해야 합니다.

출가 초기에 하루 종일 열심히 일해도 밥값을 못하는 것 같아서 하루는 큰스님께 여쭈었어요.

"스님, 아무래도 저는 자격이 없는 것 같습니다."

"왜 그러냐?"

"밥값도 제대로 못하는 것 같아서요."

"그래, 그런 마음만 가지고 있으면 된다. 그것이 바로 도道의 마음이다. 항상 내가 부족하다는 생각을 하면 수행자로서 잘 살아갈 수 있을 것이다."

그러고 나서 큰스님께서 덧붙이셨어요.

"정 밥값을 못하는 것 같으면 일과를 마치고 난 다음에 경내를 왔다 갔다 해라."

"왜요 스님?"

"그러면 사람들이 너를 보고 '저 사람이 스님인가 보다' 하지 않겠느냐. 그것만 해도 밥값은 하는 거다."

그렇게라도 불교를 알리라는 말씀이었지요. 그때는 참 순수한 마음이었는데, 요즘 가만히 돌아보면 부끄럽다는 생각이 듭니다.

절에 오래 다녔다고 해서 훌륭한 불자는 아닙니다. '나는 30년을 절에 다녔네', '안거를 수십 번 했네'라고 내세우기보다는, 그렇게 오랫동안 절에 다니면서 과연 내 삶이 얼마나 달라졌는지 늘 점검해야 합니다.

절에서 만나는 사람은 모두 도반입니다. 부처님께서 가신 진리의 길을 함께 가는 법의 친구입니다. 도반 없이는 내 마음이 청정해지기 어렵고, 수행도 제대로 되기 어려워요. 부처님만 스승이 아니고, 법문하는 스님만 스승이 아니에요. 함께하는 모든 사람이 스승임을 잊지 마세요. 진리의 길을 가는 사람은 그렇게 겸손하고 하심하며 서로 어우러져 가야 합니다.

그리고 혼자만 절에 다니지 말고 다른 사람에게도 부처님의 가르침을 접할 수 있는 인연을 만들어줘야 해요. 법회가 있는 날이면 같이 가자고 한번 권해보세요. 그 말 한마디에 그 사람의 인생이 바뀔 수도 있어요. 부처님의 가르침을 모르고 사는 사람에게 감로법을 알게 해주면 그에게 인생의 등불이 될 수도 있어요. 나만 잘 사는 종교가 아니라 더불어 잘 사는 종교가 되어야 합니다.

기도를 한다고 물이 거꾸로 흐를 수 있나요?

기도는 그런 게 아니라 내 마음을 바꾸는 거예요.

마음의 변화를 통해서 삶을 바꾸고 세상을 바꿀 수 있어요.

마음의 능력은 우리의 상상을 초월합니다.

나와 종교가 다르다고 남을 비난하는 것은 잘못된 일입니다.

다를 뿐이지 틀리다고 해서는 안 됩니다.

서로 상대의 종교를 인정해주는 자세가 중요해요.

어떤 종교를 믿든 선하게 살 수 있다면,

그래도 안 믿는 것보다는 낫잖아요?

그러니까 비난할 이유가 없습니다.

봄에 씨 뿌리지 않은 사람은

여름에 가뭄이 들든 태풍이 오든, 전혀 신경 쓸 일이 없어요.

그 대신 아무런 결실도 없습니다.

그래서 '세상에 거지만큼 편한 건 없다'는 말도 있잖아요.

거지는 홍수가 나도 신발만 들고 달아나면 되니까요.

그러나 인생을 그렇게 살 수는 없지 않겠어요?

조금만 생각해보면

집착이 괴로움을 부른다는 걸 알 수 있어요.

그러나 알면서도 놓질 못해요.

사실, 하루 세 끼 먹고사는 데 부족함만 없으면 되는데,

끝 모를 욕심 때문에 인생이 더 힘들고 피곤한 거예요.

지금 착한 일을 좀 했다고

그 공덕이 금방 돌아올 거라 착각하지 마세요.

물을 열 통쯤 부어야 채울 수 있는 큰 독에

겨우 한 바가지를 부어서는 표도 안 나는 법이에요.

우리 인생도 그렇습니다.

평소에 채워놓은 게 있어야

그 복덕으로 어려움을 이겨낼 수 있습니다.

손해 보는 삶에 복이 있어요.

더 갖겠다는 사람이 있으면 더 주고,

먼저 가겠다는 사람이 있으면 먼저 보내주세요.

처음 절에 오던 날, 어떤 마음이었는지 생각나세요?

그때는 오직 부처님을 생각하는 마음,

부처님의 가르침대로 살겠다는 마음이었을 거예요.

그런데 절에 계속 다니다 보면 언짢은 일도 생기고,

기도도 생각대로 안 되면 초심이 흔들리고 신심이 약해집니다.

그렇게 게을러지면 수행에서 점점 멀어지게 됩니다.

그래서 초심을 지키는 게 중요하다는 거예요.

7
정진의 장

돌에 관한 명상, 2004

내가 진리의
주인입니다

전국으로 법회를 다니다 보면 참 많은 것을 느끼곤 합니다. 특히 많은 대중이 법회에 참석한 모습을 보면 굉장히 장엄해요. 제가 법문을 하러 간 것이 아니라 오히려 법문을 듣는 것 같아요. 구름같이 모인 대중의 모습, 부처님을 향한 지극한 마음, 그 자체가 무언의 법문이에요. 정말 감동적인 순간입니다.

법회란 법 '법法' 자에 모을 '회會', 법을 모은다는 뜻입니다. 불자들이 법이고 불자들이 진리의 주인이에요. 개개인으로 볼 때는 크게 감동을 주지 않지만 만 명 이상이 모이면 거기에서는 어떤 꿈틀거리는 감동이 느껴집니다.

부산 삼광사에 가면 법회를 보는 지관전止觀殿이라는 전각이 있어요. 마음을 그쳐 우주 법계의 깨달음을 얻는 자리라는 뜻입니다. 그리고 천태종의 수행법을 지관수행이라고 해요. '지관止觀'은 '그치고 본다'는 뜻이에요. 관세음보살의 명호를 부르고 기도하는 것이 지관수행의 한 방편입니다.

그렇다면 무엇을 그치는 걸까요? 모든 중생이 가지고 있는 번뇌의 현상을 그치는 거예요. 눈으로 보는 것도 그치고, 귀로 듣는 것도 그치고, 코로 냄새 맡는 것도 그치고, 모든 생각을 그치는 걸 말해요. 왜 그쳐야 할까요? 그것이 번뇌를 만들어내는 씨앗이기 때문이에요. 눈이 색을 만나고, 귀가 소리를 만나고, 코가 냄새를 만나고, 입이 맛을 만나서 분별심을 내게 되는데, 그것들이 모두 번뇌입니다.

만약 법회에서 법문을 듣다가 '참 멋진 스님이다'라는 생각을 한다면 바로 마음이 일어난 거예요. 우리가 수행을 한다는 것은 눈을 뜨고 보더라도 그런 마음이 일어나지 않도록 하는 공부입니다. 기도하는 마음은 분별심을 일으키지 않아야 해요. 눈을 뜨고 상대를 봐도 '잘생겼다, 못생겼다' 분별하지 않고 무심히 볼 수 있어야 하는데, 이것을 가리켜 그친다고 하는 거예요.

선종의 6대조인 혜능 스님이 법통을 이어받고 하신 첫 설법이 그 유명한 '불사선不思善 불사악不思惡'이라는 법문입니다. 선도 생각하지 말고 악도 생각하지 말라는 뜻이에요. 이렇게 어떤 마음도 내지 않는 것이 수행의 근간이라고 할 수 있어요.

우리는 누구나 좋은 것을 원합니다. 하지만 그건 욕심일 뿐, 세상은 내 뜻대로 움직여주지 않습니다. 어떤 부모든 자식이 1등 하기를 원하죠? 그러나 모든 학생이 1등이 될 수는 없어요. 그리고 혼자서는 1등을 할 수도 없습니다. 자기가 열심히 해서 1등을 했다고 생각하지만 2등부터 꼴찌까지 뒤에 있으니까 가능한 거예요. 그러니까 좋은 것만 얻으려고 하지 마세요. 이것이 세상의 이치입니다. 그래서 착한 마음도 내지 말고 악한 마음도 내지 말라는 거예요.

지혜로운 사람은 좋은 것만을 가지려 하지 않고, 좋고 나쁨을 동시에 떠나는 길을 선택합니다. 이렇게 마음을 내지 않는 것이 나를 가장 편안하게 하는 길이기 때문에 분별심을 그치라고 하는 거예요.

그렇다면, 분별심을 그치고 난 다음에 무엇을 해야 할까요? 이제는 보아야 합니다. 마음의 현상이 일어나는 상태로 볼 때에는 중생이지만, 그 현상이 끊어진 상태로 보면 거기에 진리가 있습니다.

우리가 염불을 하면서 관세음보살을 부르는 건 억만금을 달라고 그러는 게 아니에요. 소원을 들어달라고 갈구하는 것도 아니에요. 관세음보살을 부르면서 모든 생각을 끊어버리는 것이 염불수행의 핵심입니다. 눈으로 보는 것도 그치고, 귀로 듣는 것도 그치고, 코로 냄새 맡는 것도 그치고, 모든 생각을 그치기 위해서 관세음보살을 부르는 거예요. 이것이 지관수행의 원리입니다.

여러 해 전에 중국불교협회장을 지낸 조박초趙樸初라는 분이 부산 삼광사를 방문하신 적이 있어요. 그분은 중국 문화혁명 당시 수많은 절이 파괴되고 경전이 불태워질 때 불교를 적극 보호하신 분이에요. 전국 주요 사찰과 불교 유적이 파괴되는 것을 막기 위해서 본인의 친필 휘호를 보내 걸게 했고, 그 덕분에 많은 절이 별 피해 없이 무사할 수 있었어요. 그때 살아남은 절들이 오늘날 중국 불교의 자산이 되었고, 조박초 선생은 중국인들로부터 큰 존경을 받고 있어요.

조박초 선생이 삼광사를 방문하셨을 때, 매일 밤 기도하러 오는 수천 명의 신도를 보고 큰 감동을 받았다고 합니다. 삼광사에서는 매일 6~7천 명의 신도들이 모여서 밤새도록 관세음보살 기도를 합니다. 그 광경을 지켜본 조박초 선생은 지필묵을 달라고 했어요. 그분은 서예의 대가이기도 한데 붓을 들어 '관지觀止'라고 쓰셨어요. 중생이 어리석은 마음을 그쳐 진리의 눈을 뜨면 곧 부처인데, '관지'라는 것은 '이미 깨달았다'는 뜻이에요. '이미 다 깨달았는데 무엇을 또 그칠 것이 있느냐?' 구름같이 모인 대중의 모습 속에 이미 법계의 진리가 드러나고, 일심으로 기도하는 모습 그대로가 극락이라는 거예요.

조박초 선생이 깊은 밤에 구름처럼 몰려와 기도하는 대중의 모습을 보고 찬탄한 것처럼, 제가 삼광사 법회에서 느낀 것도 바로 그런 것이었어요. 한 사람 한 사람으로 볼 때는 할머니 아니면 새댁인데, 많은 대중이 한자리에 모이면 그렇게 아름다울 수가 없어요. 사람이 꽃보다 아름다워요. 그리고 그 자체가 훌륭한 법문입니다.

누구도 대신해줄 수 없는 일

비록 부모와 자식이고 한 가족이라 하더라도 수행의 길에서 우리는 각자 독립된 존재입니다. 단지 인연 따라 만났을 뿐이지 그 길을 대신 가줄 수는 없어요. '내가 절에 대표로 다녀오면 나머지 식구들도 다 잘될 거야'라고 생각한다면 그것은 착각입니다.

절은 내 마음을 고치는 곳이에요. 직접 와서 듣지도 않고 보지도 않고 어떻게 마음을 고칠 수 있겠어요? 부처님의 청정도량에서 각자 자기의 업장을 씻어야 합니다. 내 업을 누가 대신 씻어줄 수 있을까요? 불가능합니다. 내 업은 내가 씻을 수밖에 없어요. 누가 대신 해결해줄 수 있는 문제가 아닙니다.

옛날에 많은 제자를 거느린 훌륭한 스님이 계셨어요. 스님에게는 속가에 누이동생이 하나 있었는데, 교만한 생각으로 목에 힘이 들어가 있었어요.

'오빠가 훌륭한 스님인데 뭐가 걱정이야. 다 알아서 구제해주시겠지.'

이렇게 스스로 수행할 생각은 하지 않고, 틈만 나면 절에 가서 참견하며 마치 자기가 스님이라도 되는 양 대접을 받으려고 했어요. 사람들이 처음에는 스님의 누이동생이니까 잘해주었지만, 점점 정도가 지나치자 불평이 나오기 시작했어요.

스님은 동생의 잘못을 고쳐줘야겠다 생각하고, 어느 날 일부러 평소보다 좋은 음식으로 점심 공양을 했어요. 누이동생에게는 같이 먹자는 말 한마디 없이 혼자서 아주 맛있게. 그 모습을 보면서 누이동생도 꽤나 먹고 싶었겠지요. 그런데 스님이 같이 먹자는 말을 안 하는 거예요. 스님이 공양을 마치고 그냥 상을 물려버리자 누이동생이 참지 못하고 한마디 했어요.

"정말 너무하십니다. 저한테 먹어보라는 말씀 한 번 안 하시니, 남도 아니고 누이동생인 저에게 이러실 수 있어요?"

스님은 시치미를 딱 떼고 물었어요.

"아니, 무슨 소리냐? 내가 이렇게 많이 먹었는데 아직도 배가 고프다는 거냐?"

누이동생은 기가 막혀서 따져 물었어요.

"스님이 공양을 하셨는데 어떻게 제 배가 불러요?"

"그렇지. 내가 음식을 먹어도 네가 배부르지 않는 것처럼, 네가 스스로 마음을 닦아야 네 업장을 씻을 수 있는 거다. 네 마음 닦을 생각은 안 하고 그렇게 허송세월만 하고 있느냐?"

따끔한 경책의 말씀이었습니다. 수행은 누가 대신해줄 수 있는 게 아니고 자기가 스스로 해야 하는 거예요. 그러니까 자식을 대신해서, 혹은 가족을 대표해서 절에 온다는 것은 잘못된 생각입니다. 아들은 아들대로 인연이 있고, 딸은 딸대로 인연이 있어요. 그렇기 때문에 좋은 법문이 있는 곳에는 아들딸 손을 잡고 온 가족이 함께 가야 하는 거예요.

천태종 불자들은 해마다 정초가 되면 본산인 구인사로 참배를 갑니다. 여러 대의 버스에 나눠 타고 가는 모습이 정말 장관이에요. 그러나 간혹 자가용을 이용해 가족끼리 다녀오려고 하는 분들이 있어요. 모여서 함께 갈 때 환희심이 우러나고, 보는 사람도 환희심을 느낍니다. 그래서 모두에게 감동을 주는 법문이 될 수 있는 것이지, 나의 편안함만 생각하면 공덕이 될 수 없어요. 보살과 중생의 차이를 한마디로 표현하면 이렇습니다.

'자기를 위해 욕심을 내면 중생이요, 남을 위해 희생하면 보살이다.'

조금 힘들고 불편하더라도 도반들과 함께 움직일 때, 거기에 감동이 있습니다.

티베트 사람들의 신앙심은 정말 경이로울 정도입니다. 비록 경제적으로는 가난하지만 개개인이 느끼는 행복지수는 세계 어느 나라에 뒤지지 않을 정도로 높게 나타나고 있어요. 그들은 오직 부처님 가르침대로 살기 위해 노력하는 사람들입니다. 라싸에 있는 포탈라 궁을 비롯하여 여러 불교성지를 순례할 때 그들은 온몸을 던져 오체투지를 합니다. 오체투지란 신체의 다섯 부분, 즉 머리와 두 팔, 두 다리를 땅에 바짝 대고 절하는 것입니다. 자기를 한없이 낮춤으로써 하심을 표현하고 상대를 지극히 공경한다는 의미를 지니고 있습니다.

오체투지 순례자들은 목적지에 빨리 가려고 하지 않습니다. 몇 달, 심지어 몇 년에 걸쳐서 가는 사람도 있어요. 그런 것이 진정한 순례자의 자세입니다. 정초참배 등의 순례도 그와 마찬가지로 편하려는 마음보다는 정성스런 마음으로 다녀와야 합니다. 나만 편하면 된다는 이기적인 생각이 아니라 전체를 위해 함께한다는 생각으로 참여할 때 진정한 공덕이 될 수 있어요.

부처님 당시에는 출가 수행자들이 무리를 이루어 생활했습니다. 여기에는 부처님의 깊은 뜻이 담겨 있어요. 대중이 곧 나를 깨닫게 해주는 스승이기 때문이에요. 혼자서는 도를 이루기 어렵습니다. 부처님의 가르침을 믿고 따르는 모든 사람들, 진리의 길을 함께 가는 도반들이 곧 나의 스승이라는 것을 명심하세요.

함께 어우러져 가는 과정에서 모순도 드러나고 갈등도 일어
납니다. 모순도 없고 갈등도 없다면 나의 부족한 부분을 볼 수
없어요. 수행이란 우선 받아들이는 것입니다. 눈을 뜨고 받아들
여서 훌륭한 점이 있다면 배우고, 잘못된 점이 있다면 버리는
거예요. 이것이 마음공부입니다. 그리고 고치는 것입니다. 나의 어
리석은 마음과 행위를 고쳐가기 위해 노력하는 거예요. 그 과정에는 고
통이 따를 수밖에 없어요. 하고 싶어도 참아야 하고, 하기 싫어도 하는
것이 바로 수행입니다.

돌에 관한 명상, 2005

남들보다 더 빨리 가고,
남들보다 더 많이 가지고,
남들보다 더 크게 되겠다는 욕심을 떨쳐내야 합니다.
이런 것들은 우리를 탐욕에 눈멀게 만듭니다.
이 세상을 가치 있게 사는 일은
남들보다 물질적인 풍요를 더 많이 누리기보다
남들보다 착한 업을 더 많이
쌓는 것임을 잊지 말아야 합니다.

우리는 보면 보는 대로,

들리면 들리는 대로 마음이 따라 일어납니다.

눈으로 형상을 보고, 귀로 소리를 듣는 순간,

'좋다' 혹은 '싫다'는 마음이 일어나는데

그것이 바로 분별심입니다.

너무 즐거움만 좇아가지 말고,

너무 위로 올라가려고만 하지 마세요.

아무리 즐거운 일도 언젠가는 슬픈 일이 될 수 있고,

아무리 높이 올라가도 언젠가는 떨어질 때가 있어요.

올라갈 때 좋았던 만큼 떨어질 때 아픔도 큰 법입니다.

이 세상 모든 종교의 공통점은 간절한 마음입니다.

기도는 간절한 마음으로 해야 합니다.

어떻게 하면 간절함이 생길까요?

누구든지 절박하면 간절해집니다.

그리고 간절한 마음으로 세상을 대하면 진실해지기 시작해요.

우리는 항상 어리석은 생각에 사로잡혀 있기 때문에

견고하지 못한데도 견고하다는 착각 속에 살고,

우월하지 못한데도 우월하다는 착각 속에 살아가고 있어요.

그래서 간절하지 못한 삶을 살아가는 게 범부 중생의 현실입니다.

간절함이 없으면 가피도 없습니다.

부처님
되십시오

하루는 어떤 분이 찾아와 상담을 청했어요.

"스님, 남편이 소중하다는 건 잘 알겠고, 그래서 미워하는 마음을 수백 번 고쳐먹고 잘해야겠다는 생각을 해요. 그런데 막상 남편 얼굴을 보면 속이 뒤집어져서 좋은 소리가 안 나오는 걸 어떡해요? 생각 따로, 말 따로… 도대체 저는 왜 이럴까요?"

우리를 힘들게 하는 그 마음이 업이에요. 그동안 쌓인 업장이 없다면 내 마음이 하고 싶은 대로 할 수 있지만, 업장이 두터우면 생각대로 되지 않습니다. 그래서 생각은 그게 아닌데 상대방의 가슴에 비수를 꽂게 되는 거예요. 돌아서서 후회할 말은 애초에 하지 않는 게 좋겠지만 그게 참 어려워요. 업장이 두터워서 그렇습니다.

업장은 언제 어떤 식으로 나를 고통으로 끌고 갈지 모릅니다. 그것은 오직 마음의 용광로에서만 녹일 수 있어요. 그 방법은 오직 하나,

수행입니다. 눈으로 보되 보지 않고, 귀로 듣되 듣지 않도록 모든 분별심을 그쳐서 무심의 상태로 들어갈 때, 우리는 비로소 자아의 본성을 볼 수 있습니다.

그런데 보되 보지 않고, 듣되 듣지 않는다는 것이 도대체 무엇일까요? 눈이 있는데 어떻게 안 볼 수 있으며, 귀가 있는데 어떻게 안 들을 수 있을까요? 사실은 눈이 보는 게 아니라 마음이 보는 것이고, 귀가 듣는 게 아니라 마음이 듣는 거예요. 우리의 감각기관은 마치 카메라나 마이크처럼 기계 같은 역할만 할 뿐이고, 실제로는 마음이 보고 듣는 것입니다. 밖에서 들어온 소리나 빛깔, 모양이 마음이라는 필터를 거치면 '좋다, 나쁘다' 하는 생각이 일어나는 거예요. 바로 여기에 답이 있습니다. 외부의 자극에 즉각적으로 반응하지 않으면 됩니다. 그러면 이런저런 분별심이 일어날 수 없어요.

외부의 자극에 반응하지 않을 수 있는 좋은 방법을 알려드릴까요? 바로 염불하는 거예요. 방법은 아주 간단합니다. 그냥 '관세음보살'을 부르면 됩니다. 그리고 들으세요. 입으로는 열심히 부르고, 귀로는 집중해서 들으세요. 단 하나의 소리도 놓치지 않으려고 오롯이 집중하면 나머지는 봐도 안 본 게 되고, 들어도 안 들은 게 되어버려요. 이것이 잡념과 분별심을 끊어내는 아주 좋은 방법입니다. 이렇게 염불에 몰입하다 보면 어느 순간 모든 경계가 사라지고 나도 없어지는 무아지경에 들어가게 되는데, 이것을 '삼매'라 합니다. 이러한 과정을 통해서 업장을 녹일 수 있어요.

우리는 부처님께 복을 비는 게 아니라 부처님의 마음을 닮아가는 거예요. 부처님께서 우리에게 가르쳐주고자 하셨던 것은, 우리 마음속에도 불성이 있다는 사실입니다. 깨달음을 이룬 부처님과 똑같은 마음자리, 우주 법계를 비춰볼 수 있는 진리의 마음자리가 모두에게 있다는 말이에요.

'나도 그대들처럼 중생의 모습으로 살았지만, 탐진치 삼독으로 이뤄진 번뇌의 업장을 떨쳐버리고 나니 우주 법계의 진리가 보였다. 그러므로 중생들이여, 그 껍질을 벗어버리고 나와 똑같은 존재가 되어라.'

이것이 부처님의 가르침입니다. 그래서 불가에서는 인사할 때 '성불하십시오', 즉 '부처님 되십시오'라고 말하는 거예요. 불교의 궁극적인 목적은 모든 중생, 모든 존재가 깨달아 부처가 되는 것입니다.

이왕 욕심을 내려면 좀 크게 내보세요.

'우리 가족 넓은 아파트에서 살게 해주세요.'

이런 걸 바라지 말고, 아예 우주 법계의 주인이 되세요. 어려운 게 아닙니다. 마음 하나 바꾸면 되는 거예요.

출가 전에 저는 욕심이 많았어요. 집이 가난해서 물려받을 것도 없었습니다.

'재물로 부자 되기는 틀렸고, 어차피 세상을 다 가질 수 없다면 출가하자.'

이런 생각으로 그 알량한 욕심을 버렸어요. 지금은 저보다 부자인 사람은 아무도 없는 것 같아요. 출가할 때 반대하던 친구들도 이제는 저를 부러워합니다. 다 놓아버리고 출가해서 사니까 개인적으로 등기부등본에 적힌 것은 아무것도 없지만, 전국 어디를 가도 많은 불자들이 저를 알아보고 반겨주시니 세상에 이보다 더 큰 부자가 어디 있겠어요?

욕심을 무조건 버리라는 말은 하고 싶지 않아요. 다만, 물질의 노예가 되지 말라는 뜻입니다. 물질이나 환경을 지혜롭게 이용할 줄 알아야지, 그런 것에 집착하면 괴로움을 자초하게 됩니다.

돌아보면 참으로 무상한 게 인생입니다. 항상 오늘이 내 생애 마지막 날이라는 생각으로 하루하루를 알차고 복되게 살아야 해요. 그래야 떠날 때 후회가 없습니다. 세상을 살아가면서 무엇에 우선순위를 두어야 할까요? 가장 먼저 해야 할 일은 내 마음을 청정하게 닦아 번뇌의 사슬을 끊는 것이에요.

부모들은 신기하게도 자기는 안 하면서 자식에게는 잔소리를 합니다. 열심히 공부하면 장차 인생이 잘 풀릴 텐데 왜 그리 공부를 안 하는지 속이 터진다고 탄식을 해요. 그러는 부모는 어떤가요? 괴로움에서 벗어나 행복하게 살 수 있는 방법이 있는데 왜 수행하지 않는지, 불보살님들은 얼마나 답답하시겠어요?

불교를 머리로 이해하려고 하지 마세요. 진리를 온몸으로 받아들이기 위해서는 정진을 해야 합니다. 일상생활 속에서도 항상 '관세음보살'을 불러보세요. 법당에서만이 아니라 집에서 청소할 때, 설거지할 때 또는 운전할 때도 불러보세요. '노는 입에 염불한다'는 말도 있잖아요? 허투루 보낼 시간에 마음을 모아 염불을 한다면 업을 짓지 않아 좋고, 공덕이 되어 더욱 좋습니다.

처음 절에 오던
그 마음으로

흔히 보시라고 하면 남에게 무엇을 주는 것만 생각합니다. 그런데 상대방의 정성을 잘 받아주는 것도 보시라고 할 수 있어요.

보시에는 재보시, 법보시, 무외시가 있습니다. 먼저 재보시는 물건이나 돈을 베푸는 걸 말합니다. 부처님께 공양을 올리는 것도 보시이고, 가난한 이웃에게 밥 한 그릇을 주는 것도 보시입니다. 법보시는 진리를 알려주는 것으로, 부처님의 가르침을 직접 전하거나 경전 또는 책을 보시하는 걸 말합니다. 아직 불교를 모르는 사람에게 스님의 법문을 들으러 가자고 권하는 것도 법보시라고 할 수 있어요. 그리고 무외시는 두려워하는 사람을 안심시켜주는 것을 말합니다. 상대방의 처지를 헤아려 공감해주는 것이 무외시입니다.

일방적으로 주는 것만 보시가 아니라 주고받는 것이 모두 보시예요. 법회에 참석해서 스님의 법문을 듣는 것도 보시라고 할 수 있어요. 스님에게 훌륭한 보시를 하는 것이고 큰 공덕이 되는 일입니다. 사실 말을 잘하는 것보다 어려운 일은 상대방의 이야기를 잘 들어주는 거예요.

이것은 가정에서도 마찬가지입니다. 남녀가 만나 연애할 때에는 서로 대화가 잘 통해서 평생을 살아도 지루하지 않을 거라는 확신이 있어서 결혼을 해요. 그리고 신혼 때만 해도 괜찮은데 세월이 흐르면서 뭔가 어긋나기 시작해요. 점점 자기 의견만 주장하고 상대방의 말을 잘 들으려고 하지 않으면서 조화가 무너집니다. 그때부터 상대방에 대한 원망이 늘어나요.

"연애할 땐 별도 달도 따줄 것처럼 굴더니, 어떻게 이럴 수가 있어? 날 부려먹으려고 결혼한 거야?"

아름답게 사랑하며 행복한 꿈을 이루려고 결혼했는데 현실은 그렇지 않은 거예요. 이제는 말도 안 통하는 데다, 상대방 말을 아예 들으려고 하지도 않아요. 그래서 갈등이 커지고 괴로운 나날이 계속됩니다.

서로에게 잘하되 내가 잘했다는 생각을 말고, 상대를 배려하되 내가 배려했다는 생각을 잊어버리세요. 그런 생각을 가지고 있으면 괴로움이 생길 수밖에 없습니다. 그냥 당연한 거라고, 내가 할 도리를 다할 뿐이라고 생각하세요. 조금 더 상대방의 처지에서 생각하고, 조금 더 상대방의 말에 귀 기울여보세요. 일단 들으려는 자세만 되어도 문제가 많이 해소될 수 있습니다.

직장에서도 회의를 하면 사람들이 듣는 것에 익숙하지 않아서 자꾸 말이 많아진다고 해요. 그러고 보면 법문을 들으러 오는 분들은 참으로 근기가 수승한 것 같습니다. 긴 시간 동안 말없이 앉아서 스님의 이야기를 일방적으로 듣는다는 것이 쉬운 일은 아니에요.

저는 항상 법문을 하는 입장이어서 듣는 일이 별것 아닌 줄 알았어요. 그런데 어느 날, 교육을 받는 입장이 되어 강의를 들어보니, 그게 보통 힘든 일이 아니더군요. 강사가 하는 이야기가 재미있거나 논리적이면 그래도 들을 만합니다. 그런데 다듬어지지 않은 이야기를 가지고 시간만 끄는 것은 정말 견디기 힘들다는 걸 직접 겪어보고 정신이 번쩍 들었어요.

'아, 법문이라는 것을 간단히 생각해선 안 되겠구나' 하는 책임감을 느꼈고, 더욱 정성껏 준비해야겠다는 생각을 했어요. 그러니까 법회에서 스님의 법문을 머릿속에 다 넣어두려고 애쓰지 마세요. 법당에 와서 앉아 있는 것만으로도 큰 공덕이 됩니다. 스님의 이야기를 잘 들어주는 것도 큰 보시라는 생각으로 편안하게 들으면 충분합니다.

부처님의 가르침을 따르기로 한 사람은 어떤 마음가짐으로 살아야 할까요? 이와 관련해서 《초발심자경문》에 자세한 내용이 있는데, 무엇보다 중요한 것은 역시 초심을 잃지 않는 것입니다. 이것은 출가한 스님이나 재가불자 모두에게 해당되는 가르침입니다.

초심은 참 순수한 마음이에요. 누구든지 처음 학교에 입학할 때는 열심히 해보겠다는 마음입니다. 결혼할 때도 '내가 좀 더 이해하고 양보하며 잘 살아야지'라는 마음으로 시작하지, '어디 어떻게 하나 보자'라는 이기적이고 까칠한 마음은 아니잖아요? 그런데 점차 초심이 퇴색하면서 이런저런 문제가 생겨나기 시작해요. 그래서 초심을 잃지 말라고 하는 거예요.

'초발심시변정각初發心時便正覺'이라는 말씀이 있듯이, 처음 그 마음을 변치 않으면 깨달음을 얻을 수 있어요. 처음 절에 오던 날, 어떤 마음이었는지 생각나세요? 그때는 오직 부처님을 생각하는 마음, 부처님의 가르침대로 살겠다는 마음, 누가 뭐래도 좋은 생각으로 살겠다는 마음이었을 거예요. '좀 다녀보고 재미없으면 그만두자'는 계산적인 생각은 아니었을 거예요.

그런데 절에 계속 다니다 보면 언짢은 일도 생기고, 못마땅한 사람도 보여요. 기도도 생각대로 안 되면 초심이 흔들리고 신심이 약해져요. 그러다 자꾸 게을러지면 수행에서 점점 멀어지게 됩니다. 그래서 초심이 중요하다는 거예요.

초발심자는 나쁜 벗을 경계해야 합니다. 그 영향으로 쉽게 물들 수 있기 때문이에요. 이왕이면 열심히 정진하는 사람, 긍정적인 사람을 가까이하는 게 좋습니다. 그런 사람이 좋은 도반이자 훌륭한 벗이에요. 그러면 나도 그에게 물들어 바르게 정진할 수 있습니다.

대체로 보면, 스스로 정의롭다고 생각하는 사람들이 업을 많이 짓습니다. 주변 사람들이 '저 사람은 정의롭다'고 인정하는 게 아니라 본인 생각에 정의로운 거예요. 그런 사람은 남이 상처를 받거나 말거나, 본인이 옳다고 생각하는 건 거침없이 말해버립니다. 논리로 따져보면 틀린 말은 아니지만 상대를 아프게 하기 때문에 갈등의 원인이 됩니다. 사실 그렇게 나쁜 사람은 아닌데 하도 입바른 소리를 하니까 적이 많을 수밖에 없어요.

가정에서도 조심해야 합니다. 남편은 아내와 자녀에게 훈계를 너무 늘어놓지 말고, 아내는 남편과 자녀를 너무 닦달하지 마세요. 아무리 좋은 말도 되풀이되다 보면 잔소리, 듣기 싫은 소리가 됩니다. 과묵한 게 가장 좋고, 꼭 말을 하고 싶으면 여러 번 생각해서 한두 번만 하는 게 좋습니다.

말이 많으면 실수를 하게 마련입니다. 이 말을 하면 상대방 마음이 아플 거라는 걸 알면서도 더 아프라고 모진 소리를 하는 사람들이 있어요. 남을 아프게 하는 것도 살생이에요. 불자다운 행동이 아닙니다. 내가 속이 좀 상하더라도 상대방의 마음을 편안하게 해주려고 노력하세요. 그것이 궁극적으로 나도 편안해지는 길입니다. 화를 부르는 말, 상처 주는 말이 아니라 복을 부르는 말을 하세요.

—

오늘이 내 인생 최후의 날이라는 생각을 가져보세요.

그러면 순간순간, 최선을 다하게 됩니다.

—

아픈 사람에게 사기꾼이 잘 접근합니다.

'이것만 먹으면 무조건 낫는다'고 유혹해요.

사람들의 절박한 심리를 이용해서 속여먹는 건데,

그런 말에 넘어가지 않는 방법은 간단해요.

욕심을 비우면 됩니다.

내 마음속에 있는 도둑을 조심하면

밖에 있는 도둑은 도둑도 아닙니다.

어떤 사람이 인정을 받고 어떤 사람이 찬사를 받나요?

몸을 움직여 열심히 땀 흘리는 사람입니다.

몸이 고단하면 마음이 편안하고,

몸이 편안하면 마음이 괴로울 수밖에 없어요.

게으르게 일하고 조금도 희생하지 않으면 육신은 참 편안해요.

하지만 그런 인생은 찬사는 없고 비난만 있을 뿐이에요.

일과 수행은 결코 둘이 아닙니다.

일을 할 때 노동이 아닌 수행이라 생각하면

내가 머무는 곳 어디나 절이요 법당입니다.

이런 마음으로 살아가면 이 세상 그대로가 불국토예요.

죽어서 극락 가려고 하지 말고

살아서 극락을 만들어보세요.

모든 사람이 스승이고 모든 곳이 복밭입니다.
좋은 인연의 씨앗을 심어
지금 이 자리에서 행복을 누리세요.

돌에 관한 명상, 2013